DONNE DEL MEDITERRANEO

DONNE E MEMORIA

a cura di Marco Marino e Giovanni Spani

Saggi e Ricerche

MMXX

QuodManet
Holden, Mass.

CURATORI DEL VOLUME

Giovanni Spani, College of the Holy Cross
Marco Marino, Sant'Anna Institute

COMITATO EDITORIALE

Nicholas Albanese, Texas Christian University
Philip Balma, University of Connecticut
Valerio Cappozzo, University of Mississippi
Giuseppina Di Filippo, College of the Holy Cross
Dolores Juan Moreno, Clark University
Remi Lanzoni, Wake Forest University
Lorella Martinelli, Università degli Studi "G. d'Annunzio"
Chieti-Pescara
Michael Papio, University of Massachusetts Amherst
Gregory Pell, Hofstra University
Ugo Perolino, Università degli Studi "G. d'Annunzio"
Chieti-Pescara
Luigi Robuschi, University of Witwatersrand
Nadia Tebbini, Université de Tunis El Manar

Collana: Studi e Ricerche

Autori: AA.VV.
Titolo: *Donne del Mediterraneo. Donne e memoria*
ISBN: 979-8-69-774575-5

© 2020 QUODMANET
Holden, Massachusetts

Proprietà letteraria riservata
Riproduzione, in qualsiasi forma, intera o parziale, vietata

I saggi pubblicati in questo volume sono sottoposti a un processo di *double-blind peer review* che ne attesta la validità scientifica.

The essays published in this volume have been put through a double-blind peer review process to ensure high quality scholarship.

Questo volume è stato composto e pubblicato grazie al sostegno di molti amici e colleghi. Ringraziamenti particolari vanno a Domenico Palumbo, Ilaria Pasquali e a Cristiana Panicco, Presidente del Sant'Anna Institute, grazie alla cui disponibilità è stato possibile organizzare il convegno «Women of the Mediterranean», presso la sede dell'Istituto in Sorrento (21-22 giugno 2019), evento dal quale il presente volume ha preso le mosse.

INDICE

Per un'ecologia del linguaggio perduto: la memoria delle madri, le acque e i riti mediterranei — 1
MARCO OLIVIERI

Mediterranean Foodways, Memories of the Ancestral Land, and Identity in Narratives by and about Italian-American Women — 21
STEFANO LUCONI

In Women's Hands: Remembering the White Art and Maria Orsini Natale's Mediterranean World — 39
WANDA BALZANO

Ricordare *barlumi* e *schegge*, tra *vuoti* e *lacune*: il concetto di *pura memoria* nella scrittura di Natalia Ginzburg — 61
CHIARA RUFFINENGO

Un lessico famigliare sardo/toscano: *La doppia radice* di Luciana Floris — 79
LAURA NIEDDU

Giovanna Chiarandini's *Diario* (1955-59): World War I Experiences and Marital Woes — 103
OLGA ZORZI PUGLIESE

Crocevia di memorie. Scrittrici migranti, narrative postcoloniali e memoria pubblica   123
SONIA FLORIANI

Russifying *Phaedra*: A Mythological Framework in Marina Tsvetaeva's Poetic Imagination   143
OLGA PARTAN

Women, Love and Memory in the Works of Baldesar Castiglione   163
GIUSEPPE FALVO

La «memoria del futuro». Epifanie del femminino in Luigi Santucci e Mario Luzi   179
LUCIA MASETTI

Entre devoir de mémoire et construction de l'imagination, la vie de Sofonisba Anguissola réécrite par Carmen Boullosa   201
MARION POIRSON-DECHONNE

A Woman's Search for Identity Through Memory Discovering a Population's Ancient Burden: *The Bastard of Istanbul* by Elif Shafak   225
ELISABETTA ZAZZERONI

Note biografiche   239

PER UN'ECOLOGIA DEL LINGUAGGIO PERDUTO: LA MEMORIA DELLE MADRI, LE ACQUE E I RITI MEDITERRANEI

Marco Olivieri

> *Il Mediterraneo è soprattutto la civiltà dell'antideserto*
> Paul Morand

Nella relazione del principio femminile con il Mediterraneo, il dramma di Luigi Pirandello appartenente al cosiddetto "teatro dei miti" e intitolato *La nuova colonia* (1928), sancisce la tragica metafora sociologica del fallimento patriarcale e la conseguente celebrazione idealistica della donna come custode mitica della vita. La scena finale in cui l'isola sprofonda nel mare ribadisce in termini simbolici la pura utopia di qualsiasi rinnovamento sociale per opera umana, indicando solo nello sconvolgimento degli ordini naturali una possibilità di rinascita. È difatti con il terremoto che La Spera, come dire "La Speranza", appalesa la sua identificazione tellurica evocando il convulso ritorno al caos primordiale. Nel drammatico epilogo, la donna, avvinghiata sullo scoglio abbracciando il figlio che Currao, il suo amante, nell'intenzione di abbandonarla, vuole strapparle per sempre suffragando così il potere patriarcale, si assimila all'abisso oscuro e divorante della morte, alla mitica Madre Terribile che, proprio nel terremoto, come superstite universale, consacra il principio rigenerativo nel mare distruggendo tutti i simboli della vecchia società e della Storia stessa:

> LA SPERA: No, no! Il figlio è mio! Il figlio è mio!
> CURRAO: Tu me lo darai! Me lo darai!
> VOCI DELLA FOLLA: È indegna di tenerlo! Se vuol rimettersi a fare la sgualdrina! Al padre! Al padre!
> CURRAO: Dallo qua a me! Dallo qua a me!
> LA SPERA: No, no! Se tu me lo levi, trema la terra! Trema la terra!
> CURRAO: Te lo strappo dalle braccia!
> LA SPERA: Trema la terra! La terra! La terra!
> *E la terra veramente, come se il tremore del frenetico, disperato abbraccio della Madre si propagasse a lei, si mette a tremare. Il grido di terrore della folla con l'esclamazione "La terra! La terra!" è ingoiato spaventosamente dal mare in cui l'isola sprofonda. Solo il punto più alto della prominenza rocciosa, dove La Spera s'è rifugiata col bambino, emerge come uno scoglio.*
> LA SPERA: Ah Dio, io qua, sola con te figlio, sulle acque[1]!

Con questo "mito", Pirandello sembra abbia voluto tributare un omaggio alla numinosa natura archetipica della donna. E benché Gilbert Durand abbia affermato che «eterno femminino e sentimento della natura vanno di pari passo nella lette-

---

[1] PIRANDELLO, *La nuova colonia*, in ID., *Maschere nude*, Roma, Newton Compton, 2007, p. 1168.

ratura»[2], in effetti non tutti i letterati hanno dimostrato sincera fiducia nei confronti del valore sacro del Femminile. Il brano pirandelliano è tuttavia importante perché implica la relazione, seppur trasposta nella finzione letteraria, della natura primordiale della Madre con le acque. Credenze molto antiche facevano dell'acqua la fonte di vita e in lingua sumera vi era una stessa radice per indicare sia l'acqua sia la procreazione[3]. Come abisso del caos primordiale da cui è scaturita la vita, l'acqua rappresenta l'*arché*, la sostanza propria degli inizi. Essa ci culla, ci avvolge. Trasfigurandosi quale immaginazione materiale della genitrice, «l'acqua», afferma Gaston Bachelard, «ci restituisce la madre»[4], la Madre di ogni Principio: non casualmente nei vecchi testi vedici dell'induismo, le acque tutte sono definite *mātritāma*, ovvero "le più materne". Accanto alla terra e all'aria, il terzo elemento, l'equoreo, è in altre parole un archetipo sempre vivente, anzi un archetipo *del vivente*: tutto ciò che vive sorge dall'acqua. Si pensi dopotutto alla relazione fonosimbolica di assonanza tra *mer* e *mère*, sostantivi femminili che in francese indicano rispettivamente mare e madre, così come in italiano la differenza semantica sta tutta nello scarto della sola lettera "d". Pure, proprio il segno

---

[2] Durand, *Le strutture antropologiche dell'immaginario*, Bari, Dedalo, 1972, p. 234.

[3] Cfr. Héritier, *Maschile e femminile*, Bari, Laterza, 2002, p. 106.

[4] Bachelard, *Psicanalisi delle acque*, Milano, Red, 2006, p. 149.

alfabetico M è alla base della relazione tra la madre e il mare, perché graficamente esso richiama il logogramma fenicio *mēm il quale, in forma stilizzata, allude alle crespature delle onde, al fluido rimescolio dell'acqua (si confronti, al proposito, il sumero *ama*, che vuol dire tanto "madre" quanto "mare"):

La memoria di questo primitivo segno grafico idrico-materno configura anche la simbologia esoterica del glifo riferito alla Grande Madre Celeste, corrispondente al segno zodiacale della Vergine

che per gli Egizi era associato alla dea Iside e nell'iconografia medievale voleva rappresentare simbolicamente Notre Dame, interpretabile come un pesce sulle acque, oppure quale doppio fonema di Maria Regina (MR), e che in ogni caso rende l'idea di qualcosa che copre o ne avvolge un'altra. L'idea di circondare ci riporta altresì alla lettera ebraica *mem*, indicante il principio femminino nel senso di avvolgere, coprire (si pensi all'it. *membrana*). Se non altro il tema dell'avviluppamento, sostiene Jung, è un simbolo universale materno[5] dal momento che richiama l'impulso epimeletico della madre a custodire il figlio nel liquido amniotico durante la gestazione o a proteggere il neonato tra le braccia chiuse, parimenti al mare che copre e circonda come il grembo materno i segreti negli spazi oscuri delle sue profondità. Il concetto

dell'avviluppamento si manifesta persino come simbolo omogeneo nell'iconografia cristiana attraverso la *vesica piscis*, arcaica connotazione della Madre, la *yoni*, il segno stilizzato della vagina o del grembo in cui il Figlio Divino ascende al cielo: Il pesce è a ogni modo un attributo primario del Femminile: Iside, Afrodite e Freya, nei loro aspetti sessuali, attengono a questo simbolo. In greco, non a caso, "pesce" e "utero" erano sinonimi: *delphus* (cfr. it. *delfino*) significava ambedue le cose, e il delfino stesso veniva chiamato "utero pesce", essendo venerato fra tutti gli esseri marini quasi che in esso risiedesse il mistero generatore di fanciulli divini. A Roma, Afrodite Salacia, la dea sorta dalla spuma del Mediterraneo, era celebrata con il

---

[5] Cfr. JUNG, *La libido, simboli e trasformazioni*, Roma, Newton Compton, 2006, p. 222.

Per un'ecologia del linguaggio perduto

grembo brulicante di pesci in qualità di spirito femminile degli abissi marini.

Il fonema *M*, dunque, attesta l'origine simbolica nella relazione biunivoca della madre con il mare. Diacronicamente, dall'esperienza primitiva della maternità, sono derivate estensioni semantiche afferenti alla materia e alla misura per mezzo del calcolo dei cicli lunari[6] fino a comprendere la simbologia femminilizzata di tutta la Natura. Perlomeno, si dovrebbe riflettere sul perché mai nella lallazione infantile la parola *ma-ma* si ripeta pressoché ovunque e le madri di due fondamentali eroi religiosi si chiamino *Ma*ria e *Ma*ya. La sillaba MA e

---

[6] Mestruazione si collega etimologicamente, infatti, alle fasi calendariali della luna. Mestruazione significa letteralmente "cambio di luna", essendo in latino *mens* la "luna" (da cui anche l'italiano *mese* e l'inglese *moon*, luna; radice comune ie. **mē-*, "misurare", sanscrito *mās*; nelle lingue romanze luna deriva tuttavia dalla radice ie. **l(e)uk*, "luce riflessa"). L'antico greco *mēnē*, "luna" e *mēn*, "mese" sono relazionati al più complesso *mētron*, un mezzo di misurazione in seguito utilizzato per la computazione del verso poetico e riflesso poi nei vari significati di metro. Il latino aveva *mētīri*, "misurare o infliggere" e *mensis*, 'un mese', da cui il nostro "mestruale", cfr. POTTER et al., *Pedigree*, New York, Tablinger Publishing, 1975, p. 205. Ad ogni modo, i contadini tedeschi chiamano il periodo delle mestruazioni semplicemente "la luna"; in Francia si usa nominarlo come *le moment de la lune*. Nel Congo la parola *njonde* significa sia luna sia mestruazione. Cfr. HARDING, *Woman's Mysteries*, New York, Harper & Row, 1971, p. 55. In Grecia, oltre a *hustera* e *delphus*, l'utero era anche chiamato *mētra*, a significare principalmente la cervice.

la sua variante ME stanno dopotutto alla base delle lingue indoeuropee che indicano probabilmente il senso di "fare, creare, generare": si pensi all'inglese *to ma*ke e all'italiano *ma*no, lo strumento produttivo del corpo, ma anche al latino *men*tula, con cui si indicava la virilità itifallica del sesso maschile[7]. MA-MA significa "seno", "mammella", in quasi tutti gli idiomi. Dalla Russia a Samoa, e nelle antiche lingue d'Egitto, Babilonia, India e in quelle precolombiane d'America, la parola che indica "madre" è (o era) *mama* o minime varianti del termine (Mami, Mammitu, Ma-Bellona, Mama Cocha, Ma-Emma, Mummu Tiamat, Zara Mama, etc.). I linguisti considerano il termine *mama* come un suono simbolico; Roman Jakobson ritiene che la consonante *m* e la vocale *a* siano i primi fonemi appresi dal bambino durante lo sviluppo del linguaggio: ma non è possibile escludere nemmeno una componente morfogenetica della memoria dovuta al fatto che la prima parola dell'essere umano sia sempre, o quasi sempre, «mama»[8]. **Ma* suggerisce dunque la riesumazione inconscia del logo-

---

[7] Analogamente la Minne, patrona dell'amore cavalleresco dei Minnesänger tedeschi, ha un'etimologia affascinante, collegata alla radice indoeuropea **mēn* (in italiano "mente") come sede della coscienza, del pensiero (in senso esteso della Sophia, uno degli attributi trascendenti del femminile). Per curiosità si noti che, in alcuni dialetti dell'Italia meridionale, la parola *minna* (al plurale *minne*) sta a indicare la mammella.

[8] Cfr. RUHLEN, *The Origin of Language*, New York, J. Wiley & Sons, 1994, p. 122 ss.

gramma fenicio *mēm* con il quale originariamente si indicava l'acqua, elemento primordiale che per associazione simbolica con la maternità è finito poi per diventare esso stesso universale significante che allude alla fecondità nonché al mistero della Vita in generale, garante dell'eterno ritorno delle forze di Natura.

Il linguaggio sotteso alla Madre non è stato però dimenticato, bensì esautorato. Tra le prerogative dell'ecolinguistica vi è proprio l'indagine sul perché certi linguaggi vengano minacciati o si siano estinti laddove altri hanno avuto la possibilità di sopravvivere[9]. Nella relazione di genere tra maschile e femminile, alcuni criteri oggettivi di ricerca implicano una pertinenza etnoculturale. Ad esempio il termine "figlio" indica, etimologicamente, la subordinazione del fanciullo rispetto alla madre, perché esso procede dalla radice, i.e. *fe*, nel senso di suggere, e quindi il figlio è letteralmente colui che è allattato dal seno della madre. Tuttavia, per l'ideologia clericale, la donna è diventata non solo ontologicamente inferiore all'uomo, bensì ne ha incarnato il male a causa di una millenaria misoginia. Nella teologia di Paolo di Tarso la presenza subalterna della donna si risolve in una metafora d'arredamento domestico definendola *skeûos* (vaso), mentre il *Malleus Maleficarum* scritto nel 1486 dai domenicani Institor

---

[9] Cfr. FILL, *Ecolinguistics: State of Art 1998*, in FILL et al. (Eds.), *The Ecolinguistics Reader*, London and New York, Continuum, 2001, p. 44.

e Sprenger va oltre, inventando un etimo strampalato attraverso il criterio di pianificazione linguistica conosciuto come *referential adequacy*[10] per legittimare una petizione ideologica di principio: "femmina" significherebbe "sprovvista di fede", in quanto *foemina* da *a fe* e *minus*, cioè appunto senza fede (in Dio). In realtà femmina implicherebbe il senso dell'alimentazione, se è vero che il radicale trova la sua origine nel sanscrito *dhā* (cfr. lat. *fà*), "allattare"; la desinenza *–mina* sarebbe di qui solo un suffisso participiale: pertanto *foemina* significherebbe in definitiva colei "che nutre" e, per estensione semantica, "colei che genera". Il vangelo di Giovanni apre con "In Principio era il Verbo, e il Verbo era presso Dio e il Verbo era Dio". La redazione originale in greco delle Scritture chiama Logos il Verbo del dio dei patriarchi, ma *logos* viene da *leghein* che, prima di "dire" o "pensare", significa "accogliere", "raccogliere", "ri-accogliere". Ci troviamo, pertanto, di nuovo sullo sfondo materno, nelle metafore avviluppanti dell'utero e delle profondità marine a cui il ritmo naturale della generazione riconsegna le sue cicliche cadenze.

Arran Stibbe definisce come *stories-we-live-by* gli schematismi mentali che influenzano i comportamenti, giacché il linguaggio formula i criteri ideologici e identitari che hanno profonde impli-

---

[10] PENMAN, *Environmental Matters and Communication Challenges*, in Fill et al. (Eds.) *The Ecolinguistics Reader*, cit., p. 145 ss.

cazioni in tutti quegli ecosistemi da cui noi dipendiamo[11]. Lo studio critico del linguaggio secondo la prospettiva CDA, vale a dire del Critical Discourse Analysis, aiuta a dimostrare come già nei termini *matrimonio* e *patrimonio* si ravvisi una cesura storico-cognitiva delle esperienze culturali, da cui emerge una profonda ambivalenza epistemica nell'ambiente di potere del *gender*. Il matrimonio si regge sopra l'idea spirituale della famiglia, governata da regole pacifiche ed egualitarie, fondata sull'amore e il reciproco sodalizio fra i membri. Anche etimologicamente il matrimonio si ricollega, tornando verso il centro focale famigliare, al nucleo che è rappresentato solo dalla Madre. Il matrimonio perciò concentra, storicamente, la funzione sociale soltanto in rapporto alla donna. Invece il patrimonio –il complesso dei rapporti giuridici basati sulla ricchezza economica– suppone al contrario uno slancio nella vita focalizzato all'avidità del possesso, alla proprietà personale dei beni. Il patrimonio, indica la parola, è l'eredità trasmessa dai padri, non già lascito spirituale, bensì retaggio accumulato di cose concrete e transitorie, cupa maschera dell'ancestrale istinto virile della predazione. Detto diversamente, mentre il matrimonio costituisce lo statuto dell'Essere, il patrimonio implica il rapace sentimento dell'Avere. La transizione culturale e lessicale dal matriarcato

---

[11] Cfr. STIBBE, *Ecolinguistics*, London and New York, Routledge, 2015, pp. 1-19.

al sistema patriarcale è avvenuto gradualmente a partire dalle prime invasioni indoeuropee da parte di popolazioni di cultura Kurgan dedite alla pastorizia (4400-3000 a.C.), provenienti dalle aride steppe del nord-est (Volga/Yamna), le quali si sono imposte violentemente con la forza o con la minaccia della forza. Questo spostamento di valori avvenuto nella preistoria, da un modo di vivere sulla Terra presumibilmente egualitario e pacifico, all'imposizione violenta di una gerarchia di classi umane (a partire da quella costituita dalla metà maschile del genere umano su quella femminile), postula un dato epocale che non è esagerato considerarlo come l'avvento culturale dell'Antropocene: da allora in avanti si incomincia a idealizzare la regola dell'uomo virile che domina la Natura, conquistatore di grandi estensioni di terreno, allevatore di mandrie e padrone del fuoco nella produzione metallurgica. Codificazioni sociali, queste ultime, che emblematizzano l'eroismo predatorio, l'uccisione, lo stupro, vale a dire l'egemonia assoluta del maschio che nella mitologia mediterranea si riflette anche nelle leggendarie violenze compiute indifferentemente da Zeus sia sulle mortali sia sulle dee. Lo scettro simbolico del nuovo ordine fallocratico diventa l'ascia da combattimento ma soprattutto la zappa o l'aratro, come testimoniato in alcune lingue dell'Asia orientale, per le quali il sostantivo *lak* indica tanto il pene quanto la vanga. Sicché, il simbolismo fallico dell'aratro è attestabile per via filologica: **ue-*

neti, in indogermanico, corrisponde a "egli ara". Da tale idea sorge però anche quella di accoppiarsi, poiché l'indoario **uenos* indica la "gioia d'amore" (cfr. lat. *venus*), ma finanche originariamente "ferire" o "ferita", come dimostrano rispettivamente l'inglese *wound* e il tedesco *Wunde*: si presuppone di conseguenza un'analogia simbolica, semanticamente interrelata, tra il fallo che lacera nel sangue la donna e l'aratro che apre violentemente il terreno durante la sua lavorazione.

La discorsività del linguaggio lasciato come eredità dai popoli è dunque fondamentale perché sancisce la memoria fedele del passato, avendo per obiettivo la ricostruzione del nesso culturale fra ricordo ed etnogenesi. Tornando alla relazione fonosimbolica madre ↔ mare, è interessante quanto sostiene Michel Foucault: «Ciò che le civiltà e i popoli ci lasciano come monumenti del loro pensiero non sono tanto i testi quanto i vocabolari e le sintassi [...]. Donde la possibilità di fare [...] una storia delle opinioni, dei pregiudizi, delle superstizioni, delle fedi di ogni ordine, al cui riguardo gli scritti testimoniano sempre meno esattamente delle parole stesse»[12]. Ora, il termine *maritare,* sinonimo colloquiale di sposare, sottolinea una connessione implicita ai referenti simbolici della madre e dell'acqua. *Maritare* è prendere marito sotto gli auspici della dea Mari[13], il cui radicale **mar* è pre-

---

[12] FOUCAULT, *Le parole e le cose*, Milano, Rizzoli, 1998, p. 103.
[13] Analogamente, *husband* è "colui che è legato o vincolato (band) alla casa (hus)", cioè un servitore o un maggior-

ponderante nelle antiche religioni caldea, ebraica e persiana in pressoché minime varianti teonimiche (Marratu, Marah, Mariham e poi Marina, Mariamne, Maria). In Italia, la divinità conosciuta come Mari si collega a un celebre rito delle acque praticato a Venezia. Afrodite, sotto il nome di Venere, fu infatti considerata la "madre" eponima delle tribù adriatiche d'etnia armorica dei Veneti, la cui capitale divenne Venezia, soprannominata *Regina del Mare* come la stessa divinità. L'ex patrono di Venezia era stato un tempo san Pantaleone, che effettivamente in origine rappresentava totemicamente un leone, il "destriero" solare, per così dire, della dea Venere. Nella fantasia della tradizione cristiana Pantaleone venne però canonizzato come Leone di san Marco, il quale rimpiazzò Venere da primitivo *numen* tutelare di Venezia[14]. Tuttavia ancora oggi la città lagunare è simbolicamente considerata il *locus amoenus* dei giovani sposi, coppie consacrate cioè alle sensuali virtù di

---

domo che sotto l'antico matriarcato sassone, quando i diritti di proprietà erano riconosciuti in linea femminile, curava i beni legali o meno della donna. Un *husband* non era considerato parte integrante del clan materno ma restava un "forestiero" all'interno della domus governata in senso matrilineare, e non è un caso allora se nell'antica Grecia Zeus Xenio veniva riconosciuto come il "dio protettore degli stranieri e dell'ospitalità".

[14] Nell'828 il santo evangelista divenne protettore di Venezia. San Marco è legato al leone alato perché secondo la tradizionale leggenda veneta si ritiene che egli ascese al cielo e poi tornò a terra sotto forma di leone.

Per un'ecologia del linguaggio perduto

Afrodite-Venere-Mari. Pure, un relitto caratteristico di quel che molti secoli prima doveva essere stato un effettivo rito pagano basato sulla sessualità sacra, avveniva nel Rinascimento, quando ogni anno, nel giorno dell'Ascensione, dal Bucintoro il Doge gettava un anello d'oro in laguna come rinnovata promessa di alleanza con le acque: tale pratica, lo *sposalizio del mare*, è continuata perfino quando il titolo di *Stella Maris* (un antico epiteto di Venere-Mari) venne attribuito nel Medioevo a Maria Vergine.

La partecipazione mistica della donna con il mare diventa, nel bacino mediterraneo, il punto cardinale di un'antropologia al femminile. Il folklore catalano testimonia una pratica secondo cui le donne hanno il potere di provocare una tempesta urinando nell'acqua. Non solo. Le mogli dei pescatori avevano l'abitudine di sollevarsi le vesti mostrando i genitali al mare come segno propiziatorio. L'esibizione del sesso femminile è un rito apotropaico attestato nel Mediterraneo sin dalla storiografia antica: Erodoto definisce tale costume come *anasyromai*, letteralmente "sollevare le vesti"[15], il cui tratto peculiare è il credo mistico in una forza magica della vagina capace di scacciare gli influssi maligni e favorire la fecondità della Natura. D'altro canto, si potrebbe perfino raccontare una storia della malinconia intorno alle sponde mediterranee che coinvolge una complessa costel-

---

[15] ERODOTO, *Storie* (a cura di L. Annibaletto), Milano, Mondadori, 1988, p. 193.

lazione di stati emotivi dei popoli che vi abitano, legati tanto spesso a vaghe idealizzazioni sull'assenza, la lontananza, l'attesa, il desiderio. In altre parole, narrare la mitologia di un'angoscia votata all'indefinibile senso nostalgico di un tempo migliore, a cominciare dalle *solitates* dei naviganti italici e all'*acedia* delle monache medievali fino alla *noja* dei tarantati per giungere a occidente, oltre l'estremo lembo del Mediterraneo, dove Fernando Pessoa ha fatto di questo sentimento indefinito una poetica dell'esistenza in cui vige ancora oggi, nel silenzio ostile, «il mare universale e la saudade»[16]. Il male dell'assenza caratteristico di tutto il Mediterraneo trova un parallelo mitico nella leggenda cretese di Arianna. Si racconta che, volendo uccidere il Minotauro, Arianna si innamora di Teseo a cui dà una spada e un gomitolo di filo affinché non si perda nel labirinto, sotto la promessa di matrimonio. Riuscito nell'impresa, Teseo fugge in nave con Arianna ma tradisce il patto: abbandona Arianna sull'isola di Nasso e si dà alla fuga. Tempo dopo, ascoltandone i lamenti, Dioniso approda sulla spiaggia, accoglie a sé Arianna e finalmente la rende sposa. Proprio il sentimento di dolore legato al mare origina il rito dell'*oribasis* nel tarantismo, fenomeno antropologico che trova il luogo d'elezione nella cosiddetta Terra del Rimorso, la Puglia meridionale, i cui antichi abitanti,

---

[16] Versi della poesia *Mensagem* di Fernando Pessoa, citato in LOURENÇO, *Mitologia della saudade*, Napoli, Orient Express, 2006, p. 19.

Per un'ecologia del linguaggio perduto

i Messapi, erano naviganti di origine cretese, e dove si temeva la presenza della mitica taranta il cui pizzico immaginario costringeva le vittime a dimenarsi al ritmo ossessivo dei tamburelli. Durante la fase disforica del tarantismo vi era una componente di depressione ansiosa simile alla crisi del cordoglio, anche se i tarantati (per lo più donne) non sapevano propriamente per quale morte fossero in lutto. Le tarantate amavano udire il nome del mare, ed eseguivano canti che legavano la passione per il mare con l'accecamento d'amore:

> Allu mari mi portati
> Se volete che mi sanati!
> Allu mari, alla via!
> ...
> Allu mari, allu mari:
> mentre campo t'aggiu amari[17]!

Prima di aver pensato, di aver elaborato miti e credenze, le civiltà hanno vissuto. Ritengo perciò che il tarantismo delle origini fosse in qualche modo legato alle esperienze femminili della tessitura. Nell'antichità la tessitura era l'arte per eccellenza della donna. Il mare corrispondeva invece alle nostre moderne fabbriche, cioè era il "luogo di lavoro" degli uomini mediterranei. Ma il mare, oltre ad offrire il sostentamento, diventava anche un incontrollato vortice di morte. L'invocata presenza dell'elemento umido nel tarantismo trova ragione, a mio dire, in questo: le tessitrici, a dire le mogli e

---

[17] DE MARTINO, *La terra del rimorso*, Milano, il Saggiatore, 2002, p. 145.

le fidanzate (ma anche le madri disperate), insomma le donne a vario titolo "innamorate", cercavano nell'acqua i marinai e i pescatori dispersi. Tutta la complessa fenomenologia simbolica del tarantismo (ragno, danza della corda e delle spade, grido menadico) così come ci è stata descritta dai vari studiosi nel corso dei secoli e come soprattutto Ernesto De Martino lo ha inteso quale istituto culturale basato sull'eros precluso, non è null'altro che la rievocazione mimata del dramma incentrato sul mito di Arianna abbandonata da Teseo e salvata infine da Dioniso, nel quale lo scenario marino di fondo verte sulla nostalgia di una presenza svanita e sul ritrovamento speranzoso dell'amante perduto.

Nella conclamazione odierna dell'Antropocene, perdendo il valore primario di spazialità aggregante miti, lingue e letterature, il Mediterraneo viene concepito il nonluogo geografico per antonomasia, crocevia di una umanità nomade e transeunte che lo assolutizza come fattore autoreferenziale di fuga nonché di salvezza. Il mare si innalza di qui a simbolico iperoggetto esiliante ed estraniante i cui confini interferiscono su una dimensione troppo grande perché possano essere compresi e sentiti propri in un episteme interrelato dove far coesistere civiltà eterogenee e categorie non-umane, ancorché dove possano addirittura relazionarsi sovrastrutture più complesse come le reciprocità di sapere. Ma è pur vero che, nella rinnovata considerazione basata sull'ecosofia, il Mediterraneo riuscirebbe a legittimare un ambiente di armonia ecologica e di giustizia sociale entro cui lo spirito viene emancipato dalle istanze antropocentriche sulla Natura. Ovvero, fare in modo che il nostro mare favorisca una cruciale presa di coscienza collettiva dettata dallo slancio liberatorio che è: Vivere! Lo stesso, disperato monito di La Spera in apertura al mio intervento "Io qua sola con te, figlio, sulle acque!", è l'immagine archetipica del femminile foriera di un messaggio implicito che a nostro pericolo ignoriamo. Quale sia il recondito segnale che continuiamo a trascurare è facile intuirlo. «La vera alternativa al patriarcato non è il matriarcato, che è soltanto l'altra faccia della medaglia del predominio. L'alternativa [...] è una società egalitaria: un modo di organizzare i rapporti umani dove [...] la diversità non è sinonimo di inferiorità o superiorità»[18]. Il rischio delle civiltà, oggi, è in parte proprio lo sviluppo cosciente e patriarcale dell'*animus* maschile, non più equilibrato dal mondo matriarcale della psiche. Al contrario, per l'ecologia filosofica, l'umanità deve assolutamente pervenire a una sintesi nella quale venga compreso in modo fecondo l'universo femminile, costantemente insidiato dalle egemonie del principio maschile: di qui la celebrazione di un ecomanifesto che, istintivamente oppure in piena consapevolezza, può illu-

---

[18] EISLER, *La Dea della natura e della spiritualità. Un ecomanifesto*, in CAMPBELL et al. (a cura di), *I nomi della Dea*, Roma, Ubaldini, 1992, p. 18.

minare l'itinerario plausibile del post-umano lungo il quale lo sviluppo di ogni singolo individuo verso una comune totalità psichica ed ecologica avveri l'ideale educativo del futuro.

MEDITERRANEAN FOODWAYS, MEMORIES OF THE ANCESTRAL LAND, AND IDENTITY IN NARRATIVES BY AND ABOUT ITALIAN-AMERICAN WOMEN

Stefano Luconi

Since the 1950s in the English-speaking world, the expression Mediterranean Cuisine (a term that refers to a much larger geographical area than a single nation) has progressively turned away from its initial focus on southern French gastronomy and toward its present-day association with Italian foodways in both scholarship and conventional wisdom. This much is clear, for example, from Elizabeth David's attention to *cassoulet*, ratatouille and *tomates provençales* in her influential *A Book of Mediterranean Food*. Against this backdrop, the Mediterranean way of eating not only implies an allegedly healthy diet, but also points to a system of cultural values related to Italy[1]. Furthermore, to

---

[1] Cf. DAVID, *A Book of Mediterranean Food*, Harmondsworth, Penguin, 1965, pp. 102-4, 131-34 (London, Lehmann, 1950); TETI, *Il colore del cibo: Geografia, mito e realtà dell'alimentazione mediterranea*, Rome, Meltemi, 1999; MARIANI, *How Italian Food Conquered the World*, New York, Palgrave Macmillan, 2011. The inclusion of French cooking within

the expatriates from this land and their progeny, Mediterranean foodways convey both a lifestyle and a means to revive their recollections of and connections to their native or ancestral country. Flavors and the palate, rather than images and the eyes, shape the memories of Italy for the immigrants and their offspring. Specifically, historian Peppino Ortoleva has remarked that Italian-Americans' passion for their forebears' cuisine has led to an ethnic revival because food is less an instrument of gastronomic «creation» than an opportunity for the «recovery and reminiscence» of the motherland[2]. Likewise, in a both semiautobiographical and academic piece, scholar Patrizia La Trecchia has observed that «my taste in food has become a way to maintain and sustain my sense of ethnic identity and cultural belonging, to rediscover my Italian-American heritage, to communicate information about myself to others»[3].

Mediterranean cuisine is still debated in the United States, at least at the level of popular culture. Cf., e.g., PARKER-POPE, *Confusion about Mediterranean Cuisine*, «New York Times», February 11, 2009, https://well.blogs.nytimes.com/2009/02/11confusion-about-mediterranean-cuisine (Accessed: September 12, 2019) and the related online comments.

[2] ORTOLEVA, *La tradizione e l'abbondanza: Riflessioni sulla cucina degli italo-americani*, «Altreitalie», 4.7 (1992), pp. 31-52: 34.

[3] LA TRECCHIA, *Identity in the Kitchen: Creation of Taste and Culinary Memories of an Italian-American Identity*, «Italian Americana», 30.1 (2012), pp. 44-56: 45.

Indeed, writer Helen Barolini – the daughter of Italian migrants to the United States – remarks that «*Mangiando, ricordo.* [...] Food is the medium of my remembrance – of my memory of Italy»[4]. She expressly points to her mother's approach to food as an instance of how culinary tastes and practices reveal Italian-Americans' identity and links to their ancestral land. As Barolini observes, «starting in her kitchen, my mother found her way back to her heritage, and this, I suspect, happened for many Italian-American families»[5]. Following in Barolini's footsteps, scholarship has repeatedly emphasized the centrality of food to the Italian-American experience in the United States. In particular, studies have stressed that cooking, eating, and gathering at mealtime are ways to commemorate one's ethnic roots, to express the sense of self and social status, and to negotiate one's place both in the immigrant community and within the broader U.S. society[6].

---

[4] BAROLINI, *Festa: Recipes and Recollections*, New York, Harcourt Brace Jovanovich, 1988, p. 13.

[5] Ibid., p. 52.

[6] Cf. GIUNTA et al. (Eds.), *A Tavola: Food, Tradition and Community among Italian Americans*, Staten Island, American Italian Historical Association, 1998; CINOTTO, *The Taste of Place: Food in the Narratives of «America» and «Italy» by Italian Immigrants of New York, 1920-1950*, in BACIGALUPO et al. (Eds.), *America and the Mediterranean*, Torino, Otto, 2003, pp. 145-54; DE ANGELIS et al., *Gastronomic Miscuglio: Foodways in Italian-American Narrative*, «Italian Americana», 23.1 (2005), pp. 48-68; CINOTTO, *La cucina diaspo-*

The kitchen, where food was cooked, usually stood out as the female newcomers' realm. Mothers, wives, and sisters also did the shopping for the ingredients of the dishes they served to their family members. Women, therefore, played a key role in shaping Italian-American foodways. As Maddalena Tirabassi has remarked, they were instrumental in keeping Italian traditions alive by incorporating them into gastronomic practices[7]. In addition, narratives about the Italian experience in the United States in the early twentieth century are replete with detailed descriptions of women cooking Mediterranean «traditional dishes» that revitalize the memories of the native land[8].

Novels, short stories, memoirs, and autobiographies offer suitable sources to highlight the inner significance and implications underlying the behavior of Italian-American women while they prepare or consume food. As the editors of *The Milk of Almonds* have suggested, «food-writing and life-writing in Italian-American culture are interconnected, for to examine our relationship to food is to examine ourselves, as well as the rela-

---

rica: il cibo come segno di identità culturale, in CORTI et al. (Eds.), *Storia d'Italia: Annali 24: Migrazioni*, Torino, Einaudi, 2009, pp. 653-72.

[7] Cf. TIRABASSI, *Introduzione alla traduzione italiana*, in CONNELL et al. (Eds.), *Storia degli italoamericani*, Firenze, Le Monnier, 2019, pp. xv-xxvi: xx.

[8] CINOTTO, *The Italian American Table: Food, Family, and Community in New York City*, Urbana, University of Illinois Press, 2013, p. 147.

tionship between these selves and the family, the community, and society at large»[9]. Against this backdrop, this short essay examines the representation of food in a sample of works by and about Italian-American women as a lens through which it is possible to analyze their memories of the ancestral land, their ethnic identity, and the latter's reshaping over time.

Italian-American women's sense of belonging usually takes shape through a metaphoric association with Mediterranean food. For instance, Maria Laurino's Italian descent evokes «the tastes and aromas» of «the sweet scent of tomato sauce simmering on the stove [...]; the paper-thin slices of prosciutto, salty and smooth on the tongue; and my own madeleine, oil-laden frying peppers, light green in color with long, curvaceous bodies that effortlessly glide down the throat»[10]. Likewise, in Tina De Rosa's *Paper Fish*, Carmolina, the author's fictional self, expresses her ethnic heritage by establishing a symbiotic relationship with her ancestral country's foodstuffs: «The kitchen was filled with the thick feelings of food; she walked in and the food touched her face. The soup was steam and blushed her skin. Baked apples twitched her

---

[9] DeSalvo et al., *Introduction*, in DeSalvo et al. (Eds.), *The Milk of Almonds: Italian American Women Writers on Food and Culture*, New York, Feminist Press, 2002, pp. 1-14: 8.

[10] Laurino, *Were You Always an Italian? Ancestors and Other Icons of Italian America*, New York, Norton, 2000, p. 24.

nose [...] apple sauce touched her skin, nose, mouth and made Carmolina feel that this room was like no other room in the world»[11].

In particular, Mediterranean food becomes a topos whenever the migrants' female descendants travel to Italy in search of their national origins to revitalize the second-hand recollections of the ancestral land they inherited from their parents and grandparents. This is, for example, Maria Troia's case. Her aunt's recipes are the writer's «greatest heirloom» upon return to the United States from Sicily because they are the means by which the memory of Italy as well as Italian heritage, culture, and traditions are passed from one generation to the next[12]. Similarly, preparing *cuscuszu*, a Sicilian variation of the North African couscous, offers first-generation immigrant Leonarda Cicala a chance to remember her native island[13].

Sticking to Mediterranean culinary practices also reveals ethnic pride despite pressures toward Americanization in the adoptive society. This is the experience of author Joe Vergara's mother. In his memoirs, Italianness and food are so strictly intertwined in the eyes of his mother that she thinks that pizzerias serving junk spaghetti and meat-

---

[11] DE ROSA, *Paper Fish*, New York, Feminist Press, 2003, p. 14.

[12] TROIA, *Food, Women, and Love*, «Voices in Italian Americana», 10.1 (1999), pp. 71-77: 73.

[13] Cf. CICALA, *Cuscuszu in Detroit*, in SCIORRA (Ed.), *Italian Folks: Vernacular Culture in Italian-American Lives*, New York, Fordham University Press, 2011, pp. 31-48.

balls do «more damage to the Italian honor than all the combined membership of the Mafia»[14]. In Barolini's semi-autobiographical Bildungsroman *Umbertina*, immigrant women make fun of U.S. foodways in a display of allegiance to their Italian traditions. As one of them puts it, «These American *femmine* know nothing. My Vito comes home and says his teacher told the class they should have meat, potatoes, and a vegetable on their plates every night, all together. Like pigs eating from a trough, I tell him. In my house I have a *minestra*, a second dish, and a third dish. And beans if I want to! Madonna, that skinny American telling us what to eat!»[15].

This gastronomic criticism that asserts Italians' superiority was not confined to female newcomers in the era of mass migration between the early 1880s and the mid-1920s. For instance, after moving to Los Angeles in 1992, journalist and screenwriter Chiara Barzini's mother complained that U.S. women did not know how to make dishes with garlic because they fried it. She also hated their allegedly Italian-style syncretic recipes and, with reference to veal parmesan, «would have rather killed herself than make something like that»[16]. On the other hand, immigrants themselves sometimes participated in the hybridization of

---

[14] VERGARA, *Love and Pasta: A Recollection*, New York, Harper & Row, 1968, p. 47.
[15] BAROLINI, *Umbertina*, New York, Feminist Press, 1999, p. 69.
[16] BARZINI, *Terremoto*, Milano, Mondadori, 2017, pp. 227, 288.

food. For instance, the ethnic specialty of journalist Tony Barbieri's grandmother was tuna casserole, an implausible Italian dish that she prepared by baking canned fish covered in cheese and tomato sauce[17].

In any case, during the decades of the mass exodus from Italy to the United States, most Italian-born women belonged to working-class families on the threshold of destitution[18]. Yet, the consumption of ethnic food offered them a sense of pride that both helped them offset marginalization and poverty and enabled them to reclaim their own self-respect and their kinsfolk's dignity in the face of a hostile and xenophobic environment in the adoptive country. Novelist Mario Puzo highlights this attitude in his mother's behavior during the economic crisis of the 1930s. Notwithstanding the depression and her family's being on relief, Maria Le Conti made a point of serving good food every day. Puzo writes that his family «ate better than some of the richest people in America» because «my mother would never dream of using anything but the finest imported olive oil, the best Italian cheeses»[19].

---

[17] Cf. ZUCCONI, *Il lato fresco del cuscino: Alla ricerca delle cose perdute*, Roma, Gedi, 2019, pp. 138-39.

[18] Cf. POZZETTA (Ed.), *Pane e Lavoro: The Italian-American Working Class*, Toronto, Multicultural Society of Ontario, 1980.

[19] PUZO, *Choosing a Dream: Italians in Hell's Kitchen*, in T. C. WHEELER (Ed.), *The Immigrant Experience: The Anguish of*

However, Italian-Americans were latecomers to the idea of an ethnic identity based on their common national ancestry and elaborated such a self-image out of pre-existing subnational self-perceptions. Pursuant to the belated achievement of political unification in their native country, Italians long retained a parochial sense of regional, provincial, or even local attachment. Immigrants from different geographical backgrounds in Italy, too, were unable to think of themselves as members of the same nationality group upon arrival in the United States[20].

As a result, the preservation of ties to the ancestral land initially occurred along subnational lines. Women's foodways provide plenty of evidence. Adelia Rosasco-Soule's mother resorts to cuisine in turn-of-the-twentieth-century Florida to keep alive her family's regional identity. An immigrant from Genoa, she holds to the flavors of her hometown by preparing *pan dolce*, *pesto*, *minestrone genovese*, and *zuppa di ceci* to gratify her husband's «Genovese stomach»[21]. By the same token, Vergara's previously-mentioned immigrant mother from Campania turns any recipe she prepares into a Neapolitan dish: «if she started out to

---

Becoming American, New York, Dial Press, 1971, pp. 35-49: 39.

[20] Cf. LOPREATO, *Italian Americans*, New York, Random House, 1970, p. 104.

[21] ROSASCO-SOULE, *Panhandle Memoirs*, Pensacola, West Florida Literary Federation, 1987, p. 102.

make corned beef and cabbages –a most unlikely choice– it would end up tasting like a Neapolitan specialty»[22].

Regional varieties in tastes easily lead to regional pride. Celeste A. Morello's aunt extols her Neapolitan-style «tomato sauce with the consistency and flow of a gravy», as opposed to its Genoese counterpart «extremely thin, almost watery»[23]. Similarly, Umbertina –Barolini's fictional family matriarch–makes her husband's pizzas «with onions, or with potatoes and rosemary, or with pieces of *scamorza* cheese, or olives and anchovies – but never with tomato sauce as the Neapolitans did, for that disguised the good taste of fresh dough and turned it soggy and soft». A full-fledged Calabrian, she also refrains from following the *Abruzzesi*'s recipes and does not make ravioli mixing cheese and spinach as is typical in the latter region[24].

Yet, the WASP establishment and the other ethnic minorities usually failed to realize the differences among Italian immigrants from various regional milieux and pigeonholed them all under the same national minority, often in derogatory

---

[22] VERGARA, *Love and Pasta*, p. 89.
[23] MORELLO, *The Philadelphia Italian Market Cookbook: The Tastes of South 9th Street*, Philadelphia, Jeffries & Manz, 1999, pp. 6, 20.
[24] BAROLINI, *Umbertina*, pp. 93-95.

and biased terms[25]. Therefore, in the face of bigotry on the grounds of their national ancestry, Italian-Americans often turned their backs on their native country in the pursuit of assimilation.

Food choices, too, reflected this attitude and the rejection of an Italian diet epitomized the longing for social inclusion and acceptance by the adoptive society. For instance, in her personal attempts at «studying to be an American», Joanna Clapps Herman's mother, who is born of immigrant Italian parents, begins to cut out American-style recipes from *Good Housekeeping* and *Woman's Day*, two magazines for U.S. female readers covering such topics as homemaking, fashion, and obviously nutrition with such specific columns featuring meal plans like «Month of Menus»[26]. Barolini recalls that, in the effort to avoid xenophobia, «We didn't want to be identified with the backward Italian families who lived on the North Side and did their shopping in grocery stores that smelled of strong cheese and salami»[27]. In her *Greener Grass*, Italian food is similarly a

---

[25] Cf. LAGUMINA, *Wop! A Documentary History of Anti-Italian Discrimination in the United States*, Toronto, Guernica, 1999.

[26] HERMAN, *The Anarchist Bastard: Growing Up Italian in America*. Albany, State University of New York Press, 2011, pp. 107-8. For the two magazines, cf. MCCRACKEN, *Decoding Women's Magazines: From Mademoiselle to Ms.*, London, Macmillan, 1993, pp. 176-77, 181-82, 295.

[27] BAROLINI, *A Circular Journey*, «Texas Quarterly», 21.2 (1978), pp. 109-26: 111.

source of embarrassment for third-generation Stefana Pietrofesso. She wishes to «become *American*» and hopes that her schoolmates of other-than-Italian descent will not pay attention to her «sandwich made with Italian bread»[28].

As in the case of criticism of U.S. cuisine by the Italian-born female immigrants mentioned earlier, the function of foodways as a mirror of identity for women longing for Americanization is not confined to the newcomers who arrived during the decades of the mass transatlantic influx and their progeny. For example, Maria Bottiglieri, a war bride who moved to the other shore of the Atlantic after marrying a U.S. soldier at the end of World War II, writes that she became «more American» because she «ate the American style»[29].

However, unlike their U.S.-born offspring, immigrants were more likely to resist the lure of the Americanization process in foodways as well. Barolini's Italian-born Umbertina, for example, never yields «to the American Thanksgiving and its strange food». Refusing to purchase canned ingredients at chain stores, she also grows beans and tomatoes in her backyard to keep alive the tradition of a summer picnic that is the annual family

---

[28] BAROLINI, *Greener Grass*, in TAMBURRI et al. (Eds.), *From the Margin: Writings in Italian Americana*, West Lafayette, Purdue University Press, 1991, pp. 39-45: 40.

[29] BOTTIGLIERI, *Sposa di guerra*, unpublished typescript, 1986, p. 27, Archivio Diaristico Nazionale, Pieve di Santo Stefano, Italy.

reunion with her married daughters[30]. Conversely, alienation from the ancestral roots characterized especially the newcomers' children. In their struggle to distance themselves from their Italian extraction to avoid discrimination, second-generation immigrants even clashed with their own parents[31]. According to scholar Hasia Diner, a contrast in behavior occurred between «the harmony in Italian homes in America over food» and «a deep generational chasm between immigrant parents and American children over much else in their cultural repertoire»[32].

Some works do emphasize the role of cuisine as a pacifier. A short story by Rose Quiello, for example, explicitly contends that «food is a resolution to controversy»[33]. Nonetheless, a closer scrutiny of Italian-American women-related narratives reveals that foodways are not a conflict-free sphere. For instance, in *Vertigo*, Louise DeSalvo makes her mother's traditional dishes the symbol of an Italian identity she initially makes a point of rejecting. She stresses that «I don't like anything my mother

---

[30] BAROLINI, *Umbertina*, p. 142.

[31] Cf. CHILD, *Italian or American? The Second Generation in Conflict*, New Haven, Yale University Press, 1943.

[32] DINER, *Hungering for America: Italian, Irish, and Jewish Foodways in the Age of Migration*, Cambridge, MA, Harvard University Press, 2001, p. 82.

[33] QUIELLO, *Dedicated to an Old Friend Whose Kindness I Shall Never Forget*, in BARRECA (Ed.), *Don't Tell Mama! The Penguin Book of Italian American Writing*, New York, Penguin, 2002, pp. 469-71: 471.

cooks» and adds that «for years, my mother cooked things that I believed no one should eat, things that I certainly couldn't eat, Old World things, [...] things I was ashamed to say I ate, and that I certainly couldn't invite my friends over to eat»[34]. As Donna R. Gabaccia has remarked, «[t]o abandon immigrant food traditions» means disavowing one's ethnic community, heritage, and ties to the ancestral land[35].

DeSalvo further re-elaborates such a generational conflict over food in a subsequent volume. In *Crazy in the Kitchen* cooking becomes the battleground between her step-grandmother and mother. The former struggles to recreate an Italian-style cuisine –making, for example, a «thick-crusted, coarse-crumbed [...] peasant bread»– and the latter resorts to convenience food, such as gristly meat for hamburgers, fatty sausages that she covers with Worcestershire sauce, and bread bought at Dugan's store. In the clash over bread, the step-grandmother's version, prepared following an Italian recipe, is «a bread that my mother disdains because it is everything that my grandmother is, and everything that my mother, in 1950s suburban New Jersey, is trying very hard not to be». DeSalvo's mom also assumes that consuming U.S. bread «will change her, that eating this bread

---

[34] DESALVO, *Vertigo*, New York, Dutton, 1996, pp. 201, 204.
[35] GABACCIA, *We Are What We Eat: Ethnic Food and the Making of Americans*, Cambridge, MA, Harvard University Press, 1998, p. 54.

will erase the embarrassment of a stepmother – all black dresses and headscarves»[36]. Likewise, Sandra Mortola Gilbert's attitude toward Mediterranean beverages and ingredients expresses the negation of her ethnic heritage. Noting that «I want to be an American / I want to have a name that ends in a Protestant consonant / instead of a Catholic vowel», she adds that «I have never [...] drunk red wine / never tasted olive oil»[37].

Even when they do not reach the level of generational conflicts, foodways rise to the symbol of cultural differences and lack of understanding between the immigrants and the newcomers' progeny on an ethnic ground. For instance, hinting at her incompetence about traditional Italian recipes as the epitome for the distance from her immigrant mother-in-law's native roots, U.S.-born Bea Tusiani admits that she is unable to «understand the significance of a bread-baking ritual that carried this very poor and independent woman through the Depression and two World Wars»[38].

---

[36] DeSalvo, *Crazy in the Kitchen: Food, Feuds, and Forgiveness in an Italian Family*, New York, Bloomsbury, 2004, pp. 9-10.

[37] Mortola Gilbert, *Adventures on the Hyphen: Poetry, Pasta, and Identity Politics*, in Vigilante Mannino et al. (Eds.), *Breaking Open: Reflections on Italian American Women's Writing*, West Lafayette, Purdue University Press, 2003, pp. 137-51: 147-48.

[38] Tusiani, *Con Amore: A Daughter-in-Law's Story of Growing up Italian American in Bushwick*, New York, Bordighera, 2017, p. 176.

In *Vertigo* DeSalvo disavows her ancestral heritage in a culinary perspective by celebrating anorexia. In this case, the refusal to eat food is an escape from her Italian roots[39].

However, the rejection of their forebears' cuisine is not the final stage in Italian-Americans' complex behavior in the kitchen and at the dinner table. The negation of Italianness is often temporary and does not imply a definitive denial of one's ethnic heritage; rather, it is sometimes a step toward the fulfillment of an Italian identity. In the end, even DeSalvo reconciles with her Italian cuisine and heritage. Food is key to her personal journey in search of her Italian background. When she makes up her mind to «explore» her «ethnic roots», she purchases «a pasta machine» and begins to prepare macaroni, the quintessential Italian dish. Learning «how to combine the ingredients for pasta, to roll out the dough, and cut it» becomes a symbolic initiation to her Italian identity[40]. Similarly, feminist Susan Caperna Lloyd rejects her grandmother Carolina's seclusion in the kitchen – which is the typical plight of housewives in the patriarchal Italian-American family– and, consequently, declines to participate in cooking traditional meals. As such, her efforts to resist patriar-

---

[39] DeSalvo, *Vertigo*, pp. 200-18.

[40] DeSalvo, *A Portrait of the Puttana as a Middle-Aged Woolf Scholar*, in Barolini (Ed.), *The Dream Book: An Anthology of Writings by Italian American Women*, New York, Shocken, 1985, pp. 93-99: 94.

chy by deserting the kitchen and refusing its related tasks reflect scholar Mary Jo Bona's vision of this room as a locus that, both practically and metaphorically, offers Italian-American women a space for contestation and liberation[41]. Nevertheless, Caperna Lloyd cannot help honoring her ethnic heritage by means of foodways. She admits that «I still hungered for the food and stories, and often, with my family, I would drop by my parents' house ten miles away to eat and recapture the past»[42]. By the same token, to movie director Kym Ragusa, who is Italian on her father's side and African on her mother's, the kitchen and food are respectively a setting and a means used to reconcile her diverse and often conflicting ancestries. As she puts it, «I have my own kitchen now, and it is time for me to stop being the little girl nourished and silenced by my father's cooking»[43]. Likewise, in Barolini's major work, unlike her own mother, Marguerite, who experiences a «feeling of alienation and [...] anxiety as to whether you are American, Italian or Italo-American», Tina –Umbertina's great-granddaughter– eventually acknowledges her Italianness. Food is again the vehicle for the expression of self-

---

[41] BONA, *Claiming a Tradition: Italian-American Women Writers*, Carbondale, Southern Illinois University Press, 1999, p. 172.

[42] CAPERNA LLOYD, *No Pictures in My Grave: A Spiritual Journey in Sicily*, San Francisco, Mercury, 1992, p. 11.

[43] RAGUSA, *Baked Ziti*, in DESALVO et al. (Eds.), *The Milk of Almonds*, pp. 276-82: 281.

perception. Tina travels to Castagna, Umbertina's native village in Italy, in search of her ethnic roots and, after this experience, would barter an «expensive dinner at the top of the World Trade Center [...] for any number of little *trattorie* in Rome or Florence or Venice». Yet, she does not achieve a full-fledged Italian-American consciousness and does not completely recover the memory of her ancestral land until she plants rosemary in her home garden – the same herb her great-grandmother used for the pizzas and rolls of bread upon which she built up her successful grocery business after settling in the United States[44].

Spatial constraints prevent this overview of foodways in narratives by and about Italian-American women from being more exhaustive or extensive. However, the essay has pointed to the transformations of their ethnic attachment over time by means of an analysis of their relations with food. Specifically, it has highlighted a trajectory that these women followed while redefining their memories of Italy and their ethnic sense of belonging. Such changes comprised an initially localistic allegiance, a subsequent elaboration of an identity based on national extraction, a later longing for assimilation within U.S. society, and an eventual rediscovery of the ancestral roots.

---

[44] BAROLINI, *Umbertina*, pp. 16-17, 372-87, 406, 423.

IN WOMEN'S HANDS: REMEMBERING THE WHITE ART AND MARIA ORSINI NATALE'S MEDITERRANEAN WORLD

Wanda Balzano

The Italian writer Maria Orsini Natale was born in Torre Annunziata (Naples) in 1928 and died in that same town in 2010. In addition to abundant recognition for her fine literary output as novelist, poet, and journalist, she received various prizes for her novel *Francesca and Nunziata* (initially entitled *Ottocento Vesuviano*), which was published for the first time in 1995[1], and was adapted in 2001 by Lina Wertmüller for a film starring Sophia Loren and Giancarlo Giannini[2]. *Francesca and Nunziata*,

---

[1] This first edition was published in Milan by Anabasi. The subsequent nine editions were published by Avagliano. The quotations in this essay, marked *FN*, come from ORSINI NATALE, *Francesca e Nunziata*, Cava de' Tirreni, Avagliano, 2001. Translations have appeared in Germany, Austria, Poland, France, Holland, and Turkey.

[2] Scripted by Lina Wertmüller and Elvio Porta, the film was produced for Mediatrade by Solaris Cinematografica, owned by Adriano and Guglielmo Arié. It was shot from October 16 to December 16, 2000 in various locations: Brescia, Procida, Naples, and Frascati. See CARDONE (Ed.), *La vera storia di Francesca e Domenico Orsini*, Torre Annun-

which Orsini Natale wrote at age 69, put her among the semifinalists for the Strega Prize, Italy's most prestigious literary award. The novel features a family from Amalfi, dedicated for generations to the white art of pasta making, who moves to Torre Annunziata and successfully builds an industrial empire. More than fiction, it illustrates what in Neapolitan is called a *cunto*, part historical account and part allegorical tale, derived from a reservoir of collective memories. The narrative reveals the sacrifices silently made by hard-working individuals in the thriving industrial and rural worlds of the South during Italy's process of unification. It was a time that cost the South dearly. Amid echoes of Gramsci's ideas regarding *la questione meridionale,* the South is here portrayed in its dignified but doomed struggle to avoid becoming a colony of the northern capital. In the rich historical period beginning in 1848 and lasting until the 1940s, the social structure of the Italian South underwent an almost unimaginable transformation. From this background emerge Francesca and Nunziata Montorsi, whose efforts pay homage to the memory of all those women and *entrepreneuses* who worked so assiduously and passionately, often without any recognition, and who contributed not only to the development of the economy, but also to the advancement of the role of women in

---

ziata, TorreSette, 2016, p. 12. For the original screenplay, see ORSINI NATALE et al. (Eds.), *Francesca e Nunziata*, Roma, Gremese, 2001.

Italian society, and around the Mediterranean more widely.

The years in question are very significant in the history of women's, as well as national, emancipation, both in Italy and internationally. Francesca, the elder protagonist, was born a year after the Seneca Falls Convention, the first of the Women's Rights Conventions in the United States, which produced the "Declaration of Sentiments", demanding equal social status and legal rights for women, including, later on, the right to vote. Moreover, in 1848, the Revolutions in the Italian states were part of various other similar and important movements in Europe and were led by intellectuals and agitators who desired wider forms of emancipation and a liberal government. In the aftermath of those fiery years, first the National Union of Women's Suffrage (1897) and then the Women's Social and Political Union (1903), founded in England by Emmeline Pankhurst, significantly raised the profile of women's groups and helped them address the cultural and social issues that were deeply interwoven with the exercise of equal rights and the dignity of humankind. It was not until after the defeat of Fascist rule in 1946 that Italian women obtained the right to vote. It was in the same year that the Monarchy came to an end in Italy. The Republic, with its new ideas about emancipation for men as well as women, was born.

These hundred years are a crucial period in the history of Italian national emancipation as well as in the history of women more generally. Indeed, they are particularly momentous in the Italian South, from an economic, social, and cultural standpoint. It is in these years, in fact, that the industrial revolution ushers in a new phase in the history of pasta production, a history that is intertwined with Maria Orsini Natale's personal memories of her great grandmother, Francesca Atripaldi, who was the main source of inspiration for the character of Francesca in *Francesca e Nunziata*[3]. Francesca Atripaldi (born in 1853) married Domenico Orsini (born in 1841), an entrepreneur who owned a pasta-making business in Torre Annunziata. She was a spirited businesswoman who witnessed firsthand the entrance of the steam engine into pasta making, a representative milestone in the transformation of artisanship into industrialization. The fictional Francesca has a different last name: Montorsi, which derives from a combination of the two last names of the author's grandparents, Montella and Orsini[4].

The splendidly told story begins with a fable-like description of the landscape of the Amalfi coast framing the birth of Francesca, one of the several granddaughters of Zi' Peppe and her beloved grandmother Trofimena:

---

[3] See MARASCO et al., *Vita, opere e azioni di 22 figli illustri di Torre Annunziata*, Torre Annunziata, Centro Studi Storici Nicolò D'Alagno, 2019, pp. 71-73.

[4] For the full biographical history, cf. CARDONE, *La vera storia*.

> Francesca era nata il 6 di gennaio del 1849. Era nata su una di quelle alture della costa amalfitana dove la terra precipita e dirupa in un cielo capovolto, che nelle notti serene le luci delle lampare fanno stellato. Il mare visto di lassù è irraggiungibile, in un pozzo profondo di luce. L'azzurra trasparenza così lontana, sospesa, senza suoni, è irreale e segreta come una favola[5].

Francesca's grandfather, Giuseppe, is a man of solid principles who makes pasta with great passion, knowing that his work is an art. He involves his whole family in the pasta business, a family composed of wife, seven daughters, and seven granddaughters – in the author's words, a «pollaio», a henhouse, of which he is the histrionic cock[6]. Though gruff and boorish, he is big-hearted and the head of this all-matriarchal family, originally located on the mill by the waterfall in Amalfi. He soon teaches the art of creating ziti, macaroni, vermicelli, fusilli, pàccari, and spaghetti to his son-in-law Salvatore, Francesca's father, who has been making his living as a sailor. Salvatore then decides to abandon his life at sea in order to help his father-in-law expand his pasta-making business.

---

[5] *FN*, p. 9.

[6] «Il mondo di Francesca bambina era come un pollaio, con il gallo burbanzoso alto e forte, ancora arzillo, e tanti grossi seni nei quali lei si riparava. E che la sera, liberi, roteavano mentre si approntavano i letti e si spiegavano ventose le lenzuola e poi, penduli, le sfioravano il viso quando le donne passavano carponi sul suo pagliericcio per guadagnare il posto assegnato». Ibid., p. 12.

In Women's Hands

In time, they all move from the steep Amalfi coast to the town of Torre Annunziata, to a more favorable and prosperous flatland by the sea that stood in the shadow of Vesuvius («Un posto felice dove, sole in faccia e vulcano alle spalle, altra gente da tempo faceva e asciugava la pasta»[7]). The expanding business would greatly benefit by possessing a large area closer to Naples that was connected by railway (since 1842) to the capital of the Kingdom of the Two Sicilies. As a matter of fact, the inauguration of the new harbor in 1871 and that of the Circumvesuviana railway station in 1904 brought a much improved network of connections between land and sea and permitted a considerable increase in the area's milling and pasta activities. This Mediterranean town became, and for a long time remained, the undisputed international leader of the white art.

The narrator of *Francesca e Nunziata* explains how Francesca inherits her grandfather's artistry and love for this art. Indeed, she is the only one among her sisters who will continue his work:

> A tutte le sue donne il mugnaio aveva dato la cognizione della sua arte, ma a Francesca soltanto, in consegna di continuità, aveva in segreto riempito di grano le piccole mani, marcata sulla fronte una croce con il pollice infarinato e trasmesso in religiosità il sentimento del loro lavoro[8].

---

[7] Ibid., p. 33.
[8] Ibid., p. 20.

Wanda Balzano

Given that throughout the nineteenth and the beginning of the twentieth century Italian women were largely confined to the role of mother and 'queen of the house,' especially in bourgeois and aristocratic contexts, Francesca's leadership role in the business of pasta making is not to be underestimated. At that time, upper- and middle-class Italian women could only hope to attain higher social status, if at all, through their religious or patriotic endeavors. On the whole, women's narrow spheres of influence were limited to their families and their domestic duties. Women had to accept husbands chosen by their parents and would only read in literary texts about weddings founded on true sentiments – though the type of readings for respectable young women were mostly educational and devotional. During the late eighteenth and nineteenth centuries, in fact, an extremely high number of young women from noble and bourgeois circles joined the convent. It was thanks to these veiled women that much creativity sprang up in sectors where nimble fingers and idle time were found in abundance. Food historians Serventi and Sabban report in their study that in the eighteenth century Fr. Labat had particularly praised the diverse shapes of pasta that took form in the rich imagination of nuns:

> Questa è opera delle donne, e soprattutto delle religiose, poiché non richiede una grande attenzione e non impedisce loro di chiacchierare,

> esercizio comune a tutto il gentil sesso, ma soprattutto a quello che è in clausura[9].

Women of the bourgeoisie generally concentrated on the education of their (usually numerous) children and on improving the tenor and appearance of the household. Thanks to the industrial revolution, however, the expanded job market allowed more women, especially from the lower classes, to explore additional possibilities for making a living or even expressing themselves using their hands and their abilities. The Neapolitan area offered many opportunities for employment to women, for they were sorely needed in the widespread business of pasta-making. The best workers were based in Torre Annunziata, and they were so highly skilled and full of life that their names are still somewhat of a legend around town[10]. A vibrant portrait of the factory girls making *fusilli*, the *fusillare*, is framed by the author thus:

> Naturalmente i segni di abbondanza seguivano il crescere del lavoro e l'aumentare delle operaie. Con l'impasto gramolato della macchina, più incalzanti furono i giochi delle dita e le ceste

---

[9] Fr. Labat quoted in SABBAN – SERVENTI, *La pasta: storia e cultura di un cibo universale*, Roma-Bari, Laterza, 2000, p. 134.

[10] In Orsini Natale's unique gastronomic book centered on pasta, these vivacious working women are described as «così capaci che i loro nomi – *Sisina 'a fusillare, Linarella 'a fusillare* – restano nella cittadina a tramandare lontane maestrie e competenze», ORSINI NATALE, *Don Alfonso 1890: una storia che sa di favola*, Cava de' Tirreni, Avagliano, 2003. Kindle Edition, location 453.

> si colmavano svelte. Le fusillare raggiunsero il numero di dodici; una schiera nutrita di popolane vivaci e attaccabrighe che, nell'arroganza e nel litigio, sfogavano il patimento e la miseria che le attanagliava.
>
> La brigata contava infatti pochi esemplari di donne miti e pacifiche. Abbondava invece di creature che, intelligenti e fiere, nate «lazzare» per ventura, offese dal vivere, si facevano, oltraggio per oltraggio, rissose e linguacciute, ricavando dallo «'nciucio» un divertimento, un piacere che, fiammella nel buio di un'esistenza stentata, diventava appiglio di vita[11].

It was precisely through such work that women's life began to change, as women ever more vigorously demanded the same dignity and rights enjoyed by men. In the golden period of the white art and the related development of its business in Torre Annunziata, between 1890 and 1914, the wives, mothers, and daughters of the pasta entrepreneurs were the driving force behind pasta empires. A good example is Donna Anna Dati (1855-1947), who inherited, ran, and expanded her father's pasta factory. The same is true for Donna Nunziata Ruggiero and for Donna Nunziata La Rocca[12]. In the whole area of the Mediterranean this literary homage represents a unique effort to single out and celebrate women's achievements in the development of local businesses, many of which soon reached international proportions.

---

[11] *FN*, p. 48.
[12] See SABBAN – SERVENTI, *La pasta*, pp. 202-3.

In Women's Hands

A passion for memories, the act of remembering and reconstructing the past, is what characterizes Orsini Natale's urge to write. Indeed, Domenico Orsini has defined her as a «shaman of memory»[13], in tones that can be compared to Marcel Proust. Her friend Enza Perna recalls the writer's own admiration for *À la recherche du temps perdu* and for the way the memories of the past could arise from a scent, a color, a song tied to a person or an event[14]. From Orsini Natale's flowing Proustian pen, vivid passages such as the following abound. Here we have a pair of undulating coral earrings that conjure up for Francesca the familiar and nostalgic memory of her region's landscape, which she had left behind:

> Non ne fu mai consapevole, ma gli orecchini che oscillando lumeggiavano il viso di sua madre, le ricordavano tutto il rosato della costiera: rocce, spiagge, gerani e case, giù giù su quelle piccole marine così gaie[15].

The memory-based literary technique is also immediately apparent in the opening passage of *La bambina dietro la porta*:

---

[13] «[E]ra lei che in famiglia aveva lo scettro del passato, era lei che faceva osservare con rigore e passione le tradizioni, era lei la 'sciamana della memoria' dai lunghi abiti ad inserti damascati e gemme colorate», ORSINI, *Zia Maria... sciamana della memoria*, in CARDONE, *La vera storia*, pp. 21-26: 21-22.

[14] PERNA, *Ciao Stella* and CARDONE, *La vera storia*, p. 20.

[15] *FN*, pp. 47-48.

> Basta una leggera essenza di resina nel vento, un cirro che si dipana, il fruscio di una risacca, un nome, e subito il girasole della memoria si volge verso il luogo del ricordo, il sentiero si svela e cammino tra sogno e concretissime radici[16].

Remembering the first mechanical expansion of her business gives Francesca a frisson that Orsini Natale ably renders as if her words were brushstrokes applied to enliven the painting of a Mediterranean vista:

> Quando Francesca, nell'avanzare degli anni, nel divenire che si rinnovava, richiamava alla memoria quel momento della sua vita che coincideva con l'impianto delle prime macchine, i ricordi prorompevano in rose di colori, come fuochi a mare nelle sere di festa[17].

Within the *story* of the novel's protagonists are interwoven the memories of her own past, rooted in the local history of Torre Annunziata and recently reconstructed through archival work by Salvatore Cardone in *La Vera Storia di Francesca and Domenico Orsini*[18]. Maria Orsini Natale retraces the *history* of the Italian nation, starting with the ouster of the royal family of the Bourbons, caused by the landing of 'Calibardo' (Garibaldi) in Southern Italy, and culminating in the ascent to power of the Piedmont kings of the House of Savoy.

---

[16] ORSINI NATALE, *La bambina dietro la porta*, Cava de' Tirreni, Avagliano, 2000, p. 9.

[17] *IN*, p. 65.

[18] Cf. CARDONE, *La vera storia*, cit.

An avid reader of the ancient historians Tacitus, Suetonius, Herodotus, Polybius, Livy, and Titus Flavius Josephus[19], she presents a revisionist version of history, trying as she does to recover the unique and often unheeded Mediterranean space of the South, with its ancient values and different political perspectives. In *Francesca e Nunziata*, the *meridionali* are given the chance to speak their minds proudly and thus to counter the stereotypical images of the Southern folks that systematically portray them as uncultured people with no opinions. In the narrative, Francesca is convinced, as her grandfather was, that the Piedmontese were suspiciously overinvested in the unification of Italy, a conviction she in turn relays to her son Federico:

> Federico, figlio mio santo, figlio mio bello, tu hai sentimenti nobili, tu sei una "dama" e credi a tutto quello che ti raccontano, ma i piemontesi hanno pensato solo ai fatti loro, non sono fratelli di noi poveri napoletani, so' sfruttatori[20].

Stefania Lucamante juxtaposes this novel with both Lampedusa's *The Leopard* and Pirandello's *The Old and the Young*, ably pointing out how *Francesca e Nunziata* differs from the Sicilian works. According to this critic, while the former describe the lethargy of the members of the Sicilian aristocracy in the face of a humiliating demise

---

[19] See ORSINI NATALE, *Il girasole della memoria: intervista di Gioconda Marinelli*, Roma, Avagliano, 2009, p. 34.
[20] *FN*, p. 218.

and loss of autonomy after 1861, the latter concentrates on a new class of entrepreneurs that is animated by a strong-willed impetus to fight back and succeed, in a way that is both energizing and devoid of snobbery[21].

Time passes, the economic and political situation of the future Italian nation changes radically, and the fortunes of Francesca and her adopted daughter Nunziata (the only one of her family to continue, with great success, the white art) increase, in spite of, and because of, the new political unification of Italy – a unification that Francesca had viscerally opposed. In this opposition, Maria Orsini Natale explains, Francesca had had a hand, taking her cue from her father. Salvatore had stubbornly resisted the exports that enriched the Piedmont State; he actively worked to reverse the flow of goods, from the South to the North, at least as far as it concerned his business:

> [Salvatore] continuò a fare la sua pasta al meglio, e cercò caparbiamente di farla mangiare anche ai piemontesi.
>
> Perché aveva come fede che, quando la pasta è buona, davanti a un piatto di maccheroni fatto

---

[21] See LUCAMANTE, *'Che pasta di donne': per una rivisitazione del Risorgimento in terra campana*, in GOLA – RORATO (Eds.), *La forma del passato: questioni di identità in opere letterarie e cinematografiche italiane a partire dagli ultimi anni Ottanta*, New York, Peter Lang, 2007, p. 206.

> con arte non ci sono barriere di riso o di polenta che tengano[22].

Industrial progress advances and a new mechanical system to dry pasta is developed by the time Francesca is directing the Montorsi factory. New exports to foreign markets power more than ever Francesca's pasta empire, which will one day belong to Nunziata. The latter, reflecting on the competition with the markets in the North of Italy, recollects the words of her adoptive mother, so full of confidence from her knowledge of the age-old art of making pasta. As proud as her own father, Francesca had said:

> Io ho l'arte: a me basta l'acqua, la farina e il sole... E i piemontesi il mestiere non me lo possono rubare perché hanno l'acqua, la farina, ma non tengono il sole e l'arte[23].

In this double cameo Francesca and her adopted daughter mirror the determination and willpower of the women in the *Meridione* of Italy – a region that emerges, in Orsini Natale's writing, with all its intelligence and passion, its aspirations and energies, and its thirst for redemption from the deadlock of history through resilience, creativity and strength. In the book the passion for the white art is more powerful than any other. Pasta itself develops almost into a character, given that it provides a constant background, visually rich in

---

[22] *FN*, p. 125.
[23] Ibid., p. 338.

its flowing drapery of spaghetti, fusilli, tagliolini, or vermicelli. In an interview with Gioconda Marinelli, the author describes the presence of pasta in *Francesca e Nunziata* as taking on the role and function that the chorus had in classical Greek drama[24].

Although love is the glue and gluten of this book, in that all the characters connect deeply to others or to beliefs and activities by way of an intricate latticework of feelings, its sophisticated treatment does not conform to what is typically expected in romantic literary accounts. There are several complex relationships in this *cunto*, and all of them are perceptively intriguing and challenging. Francesca Montorsi's love for her husband Giordano, who divides his time between horse breeding, gambling, drinking, and womanizing, entails a complex mix of physical attraction, respect for his higher-class status, forgiveness of his betrayals, frustration, and resentment. In a confessional statement to Nunziata, Francesca acknowledges with pride that she acted of her own will when pledging for her husband's debts, and what brought her to ruin was not at all determined by a

---

[24] «Ma Francesca e Nunziata non è un libro di pasta, né un libro di storia. Ho raccontato umane creature, i loro luoghi e il loro tempo, quello che particolarmente li segna nel momento storico, politico ed economico. E mentre vivono la fatica, gli stenti, la speranza, la ricchezza, l'amore, il dolore e le passioni politiche, fanno la pasta. La stesa di spaghetti che sul fondale si asciuga al sole fa da coro greco a tutta la vicenda», ORSINI NATALE, *Il girasole della memoria*, p. 46.

lack of competence or knowledge in her work, but solely by feelings of love for him:

> [G]li ho voluto troppo bene. Agli occhi miei era 'nu Dio. Bello, signore, gran signore... E io ero nata puverella...
>
> Nunzià, se moriva prima che capissi che uomo era, io sarei morta appresso a lui; invece è morto quando l'avevo già schifato.
>
> Sai perché ho garantito tutti i suoi imbrogli e le sue chiacchiere? Perché lo volevo tenere legato a me con il debito di riconoscenza. Non lo volevo perdere, me lo volevo comperare. M' 'o vulevo accattà.
>
> Lo sanno tutti che ho tenuto le corna lunghe fino a Capri. Cattive azioni ne ha fatte tante [...][25].

Nunziata's love for Federico, although reciprocated, is destined to be quashed, first because they are brother and sister (though not by blood, given that Nunziata was adopted), and second because Francesca would not allow a scandal to ruin her family. Also, Francesca wanted to be the one to choose the bride for her own son, sacrificing him to the altar of her own principled egotism. All the same, pregnant with Federico's child, Nunziata is given in marriage to another man, who later leaves her a widow. In her social life she will be quite bold and will be surrounded by many men, often playing cards with them at all times of the day and night. Federico, for his part, is an idealist in politics

---

[25] *FN*, p. 298.

and a romantic at heart. Unlike his pragmatic mother, he is inspired by a brotherly sentiment toward the *piemontesi*. He is also deeply moved by the call of the arts and the classics, with a deep concern for the preservation of the ancient ruins of Oplontis. Deep love is what ties Francesca's grandfather to his special granddaughter, to the king of Naples and the monarchy, and to his own wife, Trofimena. The latter will always remain distracted by the heartache for her beloved home on the Amalfi coast, the land of her ancestors, which she had left behind. Salvatore, Francesca's father, has the watery realm of the Mediterranean imprinted in his soul, as in the narrative he is often connected to the sea. In turn, all of the characters in the new home of Torre Annunziata learn to love and live with the outline of Vesuvius, «'a muntagna», as they call it[26]. Lastly, all of the characters love making pasta or eating it.

Pasta is the actual undisputed protagonist of this book, which is primarily made by women's hands – by the many women of the Montorsi family and by the *fusillare* who are paid on a piece-rate system. For centuries, pasta has been the product of melting flour into water, in a kind of double gesture of undoing/dissolving and making anew, again and again. Since 1848 (and from even before

---

[26] Maria Orsini Natale also loved to define herself by the love of that «muntagna». In her autobiographical *La bambina dietro la porta*, she writes: «Penso di avere da sempre piedi marini e occhi vesuviani», p. 16.

then), women have been making pasta and making history, have been interrogating the patriarchal past and questioning their exclusion and marginalization in order to construct a new world. Apropos of this metaphor, Stefania Lucamante argues how, in the narrative, the grinding and breaking of the wheat into flour, and then, the mixing of flour and water to make pasta dough, outline a process that reiterates the making and unmaking of history, the making and unmaking of the Bourbon monarchy, and, figuratively, the making and unmaking of the patriarchal power over the lives of women:

> Fedele alla memoria di come diventò il cibo emblematico di quella terra, la pasta diventa nel romanzo il simbolo del tacito disfare del sistema patriarcale ed oppressivo da parte sia di Francesca che di Nunziata. Il farsi e il disfarsi della storia, il farsi e il disfarsi di re, di unioni private che non reggono alla troppa forza di queste donne sono tutti metaforizzati nel processo di lavorazione dell'impasto, di questa semola che viene attentamente sorvegliata dalle donne. Nella preparazione di una pasta, di un prodotto che regna sopra tutti gli altri possibili aspetti della vita delle donne. È, la loro, un'interrogazione tacita del patriarcato, di tutti quegli uomini che, fatta eccezione per il nonno mugnaio, assistono quasi inermi alle sorti di Napoli. Le loro donne svolgono i ruoli riservati agli uomini: non tengono solo le chiavi della dispensa, ma anche quelle dell'azienda. Francesca impara presto che per poter ottenere l'indipendenza era importante «far mangiare la pasta anche ai piemontesi». Una

> pasta che, come lei stessa dice, «non è 'na cosa morta, è 'na cosa viva»[27].

In the end, the act of making pasta is reflected in the very act of writing this book. Making pasta is an art, and so is the creation of stories. Maria Orsini Natale fashions a world that beats with the pulse and rhythm of kneading memories into writing. Like pasta, the story that has come out of her pen is not a dead thing, but a living thing, «'na cosa viva». This, because writing that comes from a cherished need quickens the whole person. She persistently drew her inspiration from her memories and real-life events[28]. Her imperative need was for the patient recording of what takes place within us and reveals a dimension of our being that is able to turn us into agents of change[29].

Though following the forms and formulas of tradition, at least in appearance, Orsini Natale breaks with convention in one fundamental way. Her literary maneuver is similar to what the Dis-

---

[27] LUCAMANTE, *'Che pasta di donne'*, p. 208.
[28] «[C]ome da un profondo pozzo si prende da noi stessi, dalle nostre memorie, dalle altre vite che abbiamo incontrato e letto sulle loro facce», ORSINI NATALE, *Il girasole della memoria*, p. 11.
[29] «E la lezione è quella antica della memoria, la "distentio animi" agostiniana, la registrazione, ma sempre modellabile e trasformabile, dell'accaduto in noi, capace di modificarci e renderci, nel contempo, motori di mutamento», IZZO, *Il futuro ha un seme antico*, in ELEFANTE (Ed.), *Atti del seminario di arte visiva, scrittura e comunicazione*, Torre Annunziata, Biblioteca Comunale E. Cesaro, 2011, p. 76.

ney movie of *Frozen* achieved with the identification of true love being not of the romantic kind (that is, between the princess and the prince), but the love between two sisters. Indeed, all the love stories in *Francesca e Nunziata* are rather minor in comparison with the one that is prominently featured yet remains almost unacknowledged and taken for granted. While the heartrending love that cannot be realized between Nunziata and Federico took center stage in the cinematographic, crowd-pleasing version of the book, this doomed romance is downplayed in Orsini Natale's account. Instead, the treatment of the poignant relationship between mother and daughter, that is, between adoptive mother and adopted daughter, is elaborately rendered and central. The writer's love for these two strong women of her fictional story and personal history emerges loud and clear. Both the fictional and the real Francescas, together with Nunziata, are nineteenth-century *entrepreneuses*, far ahead of their times in challenging managerial roles. Modern and dynamic in their ambitious drive and passionate leadership, they are also traditional in the painstaking respect they have for their domestic roles. According to the author, «Sono donne in carriera sicure nella forza delle decisioni, nella tempra del comando e nella carica delle loro passioni ma restano antiche nella dignità delle loro mansioni, nella cura per la casa, per il bucato, nell'amore per la cucina, amore senza sciatteria, e nelle ricette velate di ingenui segreti»[30]. In celebrating their memory in this corner of the Mediterranean world, we readers join the author in a new path and territory, where we find a new taste for the value of memory, the knowledge of the past, the conscience of the present, and the sense of the future that is possible.

Heartfelt thanks to Domenico Orsini and Salvatore Cardone for their generous assistance in the early stages of this project.

---

[30] ORSINI NATALE, *Il girasole della memoria*, p. 58.

# RICORDARE *BARLUMI* E *SCHEGGE*, TRA *VUOTI* E *LACUNE*: IL CONCETTO DI *PURA MEMORIA* NELLA SCRITTURA DI NATALIA GINZBURG

Chiara Ruffinengo

Dopo l'enorme successo del romanzo *Lessico famigliare* (1963) vincitore del Premio Strega, la casa editrice Einaudi ripubblica in un unico volume i primi racconti e i primi romanzi di Natalia Ginzburg. Il libro esce nel dicembre 1964, con il titolo *Cinque romanzi brevi*[1]. Nella prefazione di una quindicina di pagine[2], che sarà poi inclusa nel primo volume de *I Meridiani* con il titolo *Nota*[3], la scrittrice ripercorre l'arco di tempo che va dal suo «primo racconto vero» (*Un'assenza*, 1933) fino al *Lessico famigliare*, analizzando i modi e le ragioni che fin dall'adolescenza hanno governato la sua scrittura. Pur sapendo che si può scrivere soltanto

---

[1] GINZBURG, *Cinque romanzi brevi*, Einaudi, Torino, 1964. Il volume contiene i romanzi: *La strada che va in città*, *È stato così*, *Valentino*, *Sagittario*, *Le voci della sera*, nonché i racconti: *Un'assenza*, *Casa al mare*, *Mio Marito*, *La Madre*.
[2] GINZBURG, *Cinque romanzi brevi*, cit., pp. 5-18.
[3] GINZBURG, *Nota*, in *Opere*, *I Meridiani*, vol. I, Mondadori, Milano, 1986, pp. 1115-1134. La *Nota* segue *Lessico famigliare*.

quello che si conosce «dal di dentro», la Ginzburg aveva bisogno che la sua vita reale si trasformasse nei suoi racconti in un «mondo impersonale», nel quale non fosse possibile scorgere alcuna traccia di se stessa. A questo proposito dichiara:

> Avevo un sacro orrore dell'autobiografia. Ne avevo orrore, e terrore: perché la tentazione dell'autobiografia era in me assai forte [...] : e la mia vita e la mia persona, bandite e detestate, potevano irrompere a un tratto nella terra proibita del mio scrivere[4].

Per evitare il rischio dell'autobiografia, la Ginzburg ha cercato di forgiarsi una disciplina che le permettesse di scrivere restando distaccata dalla sua vita, e in particolare dal lato «attaccaticcio» dei sentimenti nel quale -secondo lei- le donne precipitano facilmente[5]. Il compito non è facile, perché la sua vena autobiografica affiora sempre, e le diverse esperienze e gli anni della guerra non fanno che accumulare storie, materia da raccontare. Lo conferma nel 1952 *Tutti i nostri ieri*, un romanzo dove la memoria collettiva della sua generazione, legata alla memoria della Resistenza, emerge in primo piano. Sebbene in modo problematico, anche i ricordi personali fanno parte di questo libro in cui «tutto è inventato, ma con l'autobiografia che esce dalla porta ed entra

---

[4] GINZBURG, *Nota*, cit., p. 1121.
[5] GINZBURG, *È difficile parlare di sé*, Einaudi, Torino, 1999, p. 29.

dalla finestra [...]»[6]. La Ginzburg accetta ormai che il proprio io abbia un ruolo preciso nella costruzione della sua narrativa, ma nello stesso tempo l'autobiografia, relegata in uno spazio instabile, non sembra possedere dei veri diritti. Eppure quando si intromette, non richiesta, nella terra proibita della scrittura, non fa che sottolineare quanto la sua presenza sia necessaria e incancellabile, soprattutto perché nella sua memoria personale si sono stratificati molti ricordi: la tragedia della guerra, l'esilio in Abruzzo, la morte del marito Leone. E poi il dopoguerra, il lavoro alla casa editrice Einaudi, il trasferimento a Londra, dove nel 1959 il secondo marito Gabriele Baldini è nominato direttore dell'Istituto italiano di Cultura[7].

Nella città straniera Natalia si sente invadere da un disorientamento totale che sconvolge anche la parte più profonda del suo essere, e cioè la lingua. Questo straniamento condizionerà l'elaborazione de *Le voci della sera* (1961) in cui, come scrive nella prefazione:

> i luoghi e i personaggi sono immaginari. Gli uni non si trovano sulla carta geografica, gli altri non vivono, né sono mai vissuti, in nessuna parte del

---

[6] Ivi, p. 72.
[7] La funzione di Gabriele Baldini all'*Istituto italiano di Cultura* dura dal 1959 al 1961. Cfr. PFLUG, *Natalia Ginzburg. Arditamente timida*, La Tartaruga edizioni, Milano, 1997, pp. 103-107.

Ricordare barlumi e schegge

mondo. E mi dispiace dirlo, avendoli amati come fossero veri[8].

Il particolare attaccamento a luoghi e personaggi immaginari si spiega perché la loro invenzione emana questa volta direttamente da luoghi e persone della sua autobiografia, per cui in precedenza la Ginzburg provava vergogna. Ora invece, in questo racconto, sono proprio i ricordi veri a guidare la scrittura verso un equilibrio mai raggiunto prima:

> Vidi a un tratto sorgere in quel racconto, non chiamati, non richiesti, i luoghi della mia infanzia. Erano le campagne del Piemonte e le vie di Torino. Io tutta la vita m'ero vergognata di quei luoghi, li avevo banditi dal mio scrivere come una paternità inaccettabile; e quando essi si erano affacciati nei miei racconti, io in fretta li avevo mascherati, così in fretta che nemmeno me n'ero accorta; e li avevo mascherati così bene che io stessa li riconoscevo a stento. Ma ora invece me li ritrovavo là, a Londra, generati dalla nostalgia. [...] E dai luoghi della mia infanzia scaturivano le figure della mia infanzia, e dialogavano, fra loro e con me. Ne provai grande gioia. [...] C'era ben poco da inventare, e non inventai. O meglio inventai ma l'inventare scaturiva dalla memoria, e la memoria era così *risoluta* e *felice* che si liberava senza sforzo di quello che non le rassomigliava[9].

---

[8] GINZBURG, *Le voci della sera*, in *Opere, I Meridiani*, vol. I, cit., p. 668.
[9] GINZBURG, *Nota*, cit., pp. 1132-1133. Il corsivo è mio.

Le voci della sera, scaturito dalla nostalgia struggente per l'Italia lontana, permette di smascherare il legame inscindibile e profondo tra l'invenzione e «l'immenso edificio del ricordo», che Proust le ha insegnato[10]. La memoria autobiografica, «risoluta e felice», si disfa «senza sforzo» di tutto quello che le è estraneo, fino a diventare matrice del romanzo successivo, *Lessico famigliare*, che la Ginzburg scrive immergendosi esclusivamente nei ricordi della propria famiglia, e liberandosi di ogni tipo di disciplina e di costrizione:

> È il solo libro che io abbia scritto in stato di assoluta libertà. Scriverlo era per me del tutto come parlare. [...] Non avevo più nessuna specie di ribrezzo o di avversione. E soprattutto non mi domandai neppure una volta se scrivevo *per caso*. Il caso era totalmente esulato da me[11].

Questo tipo di libertà raggiunta, infatti, le permette di non correre più il rischio di «scrivere *per caso*», che per lei corrisponde al gioco «della pura osservazione e invenzione che si muove fuori di noi, cogliendo a caso fra esseri, luoghi e cose a noi indifferenti». Ora invece può scrivere «non *per caso*», raccontando soltanto quello che si ama e si ricorda:

> La memoria è amorosa e non è mai *casuale*. Essa affonda le radici nella nostra stessa vita, e perciò

---

[10] Cfr. PETRIGNANI, *La corsara. Ritratto di Natalia Ginzburg*, Neri Pozza, Vicenza, 2018, p. 279.
[11] GINZBURG, *Nota*, cit., p. 1133. Il corsivo è nel testo.

> la sua scelta non è mai *casuale*, ma sempre appassionata e imperiosa[12].

«Risoluta», «appassionata», «imperiosa»: gli aggettivi scelti per qualificare la memoria insistono sulla sua potenza, ma alla fine della *Nota* la Ginzburg ne mette in luce altri quattro per spiegare *Lessico famigliare*, che «[...] è un romanzo di pura, nuda, scoperta e dichiarata memoria»[13].

Se i tre aggettivi «nuda», «scoperta» e «dichiarata» descrivono una memoria che non deve più giustificare la sua presenza nella scrittura, l'aggettivo «pura» rimanda a una memoria priva di alterazioni, di elementi estranei e ne riflette l'essenza incontaminata, e si rivela particolarmente emblematico rispetto agli altri tre: la Ginzburg lo ripete qualche riga dopo, questa volta da solo, per descrivere l'iter che le ha permesso di raggiungere questo tipo di memoria:

> Così arrivai alla pura memoria: vi arrivai a passi da lupo, prendendo vie traverse, dicendomi che le fonti della memoria erano quelle a cui non dovevo mai bere, l'unico luogo al mondo in cui dovevo rifiutarmi di andare[14].

La scrittrice arriva alla «pura memoria» senza esitazioni: a grandi passi, seguendo una via che

---

[12] Ivi, p. 1128. Il corsivo è nel testo.
[13] Ivi, p. 1133. Il corsivo è nel testo.
[14] GINZBURG, *Nota*, cit., p. 1133. Lo stesso aggettivo era già apparso precedentemente nella *Nota* per qualificare, all'opposto, l'«osservazione» e l'«invenzione» dello scrivere *per caso*. Cfr. supra, nota 12.

nessuno, al di là del suo istinto –come un lupo che sceglie percorsi obliqui, poco battuti– le indica di percorrere. Per raggiungerla –precisa–, non solo non ha dovuto bere alle fonti della memoria, ma ha sentito inoltre come quello fosse l'unico luogo al mondo in cui doveva rifiutarsi di andare: per non sbagliare strada, per non allontanarsi dal filo dei suoi ricordi. Il desiderio di scrivere un libro sulla sua famiglia esisteva in lei fin da bambina, ma a causa del suo orrore per l'autobiografia ha dovuto trovare un punto di vista che le permettesse di mantenere un giusto equilibrio tra soggettività e oggettività. Nell'Avvertenza a *Lessico famigliare* la Ginzburg racconta in che modo, attingendo ai propri ricordi, ha ricostruito una storia basata su fatti e persone reali:

> Ho scritto soltanto quello che ricordavo. Perciò, se si legge questo libro come una cronaca, si obbietterà che presenta infinite lacune. Benché tratto dalla realtà, penso che si debba leggerlo come se fosse un romanzo [...][15].

Il romanzo è interamente edificato su parole ed espressioni utilizzate dalla famiglia Levi: l'idioletto guida la scrittura del romanzo e rinsalda l'identità affettiva e sociale dei parenti di Natalia la quale, nella comunità familiare del romanzo, assume il ruolo di osservatrice partecipante, che potrebbe ricordare la posizione di un etnografo:

---

[15] GINZBURG, *Lessico famigliare*, in *Opere, I Meridiani*, vol. I, cit., p. 899.

Ricordare barlumi e schegge

> E vi sono anche molte cose che pure ricordavo, e che ho tralasciato di scrivere; e fra queste, molte che mi riguardavano direttamente.
>
> Non avevo molta voglia di parlare di me. Questa difatti non è la mia storia, ma piuttosto, pur con vuoti e lacune, la storia della mia famiglia[16].

Il modo di raccontare la sua famiglia, basato su parole, citazioni, espressioni e modi di dire, commenti didascalici, ricorda anche certe modalità mnemotecniche usate dai popoli senza scrittura per tramandare oralmente la memoria della loro collettività, ripetendola di generazione in generazione. L'attualizzazione orale del lessico, infatti, richiede una ripetizione costante, e per questo si affida spesso a una dinamica rituale, a volte alla teatralizzazione di un evento, affinché la memoria continui a esistere e a diffondere nel presente un passato reale, al di là delle perdite e delle contaminazioni ineluttabili prodotte dalla vita.

La storia della famiglia Levi coincide quindi, per Natalia, non con una documentazione scritta da recuperare e da rielaborare, ma con una memoria viva, la sua, che deve tener conto prima di tutto dei suoi propri limiti:

> nel corso della mia infanzia e della mia adolescenza, mi proponevo sempre di scrivere un libro che raccontasse delle persone che vivevano, allora, intorno a me. Questo è, in parte, quel libro: ma solo in parte, perché la memoria è labile, e perché i libri tratti dalla realtà non sono spesso

---

[16] Ibidem.

che esili barlumi e schegge di quanto abbiamo visto e udito[17].

Ma in che modo una memoria composta soltanto da «barlumi e schegge», attraversata da «vuoti e lacune», può trasmettere il reale e quindi una storia autonoma? E qual è, inoltre, il rapporto tra la memoria «labile», parziale, evocata nell'*Avvertenza* del 1963, e il concetto di «pura memoria» a cui Natalia si riferirà l'anno successivo nella *Nota*, sempre a proposito del *Lessico famigliare*?

In un testo intitolato *La descrizione densa* l'antropologo Clifford Geertz sostiene che la completezza di una descrizione etnografica non si basa sull'abbondanza o sulla precisione dei dati, ma sulla capacità della scrittura a rendere sincronicamente la molteplicità dei significati della realtà osservata[18]. Riferita alla scrittura antropologica, l'affermazione è valida anche per quella letteraria: per entrambe le scritture, infatti, la ricerca della verità e la trasmissione della realtà non dipendono dalla quantità e dall'accuratezza delle informazioni, e quindi da una memoria e da una conoscenza totali, ma dalla creazione di una «verosimiglianza», capace di convincere il lettore[19]. Per ottenerla, la scrittura deve inoltre escogitare il modo

---

[17] Ibidem.
[18] GEERTZ, *Thick Description: Toward an Interpretive Theory of Culture*, in *The Interpretation of Cultures*, Fontana Press, London 1993, pp. 3-30: 9-10.
[19] Cfr. GEERTZ, *Works and Lives. The Anthropologist as Author*, Stanford University Press, Stanford, 1988, pp. 3-4.

di integrare nella realtà tutto ciò che risulta strano, inspiegabile; in quel caso dovrà procedere non in modo frontale, ma obliquo[20]; suggerendo ciò che non viene detto e mostrato apertamente. I pensieri soppressi, gli elementi oscuri o lasciati in sospeso hanno quindi un senso e un ruolo precisi nella costruzione di una data realtà. Se la Ginzburg avesse colmato i «vuoti» e le «lacune» del *Lessico famigliare*, grazie ad altre memorie familiari o a fonti esterne, la prospettiva del suo romanzo ne sarebbe stata alterata, fino a perdersi inesorabilmente. Invece ha costruito la sua storia attraverso delle tracce, e dal momento che la traccia è quello che resta[21], sottintende sempre la perdita o la rimozione di qualcosa. La memoria di cui la Ginzburg si serve per raccontare la storia della sua famiglia è pura perché fondata esclusivamente sulle sue risorse e, di conseguenza, non può che essere labile, imperfetta, frammentaria.

Ma che cosa succede una volta superato il confine della storia della sua famiglia? la sua scrittura continua a bere allo stesso modo, nei testi successivi, alle fonti della pura memoria?

---

[20] Laplantine, *De tout petits liens*, Mille et une nuits, Paris, 2003, pp. 47-49.
[21] Boursier, *La mémoire comme trace des possibles*, «Socio-anthropologie», 12 (2002), Un. de Paris X-Nanterre, http://journals.openedition.org/socio-anthropologie/145 (ultima visita: 25 luglio 2019).

Il dialogo che conclude *Lessico famigliare*[22] anticipa la fine e il cambiamento imminenti. Natalia, che da molti anni ormai non ha una casa per sé e vive con suo padre e sua madre, sta per lasciare Torino con i tre figli per andare a vivere a Roma con il secondo marito. Se all'inizio del brano la comunicazione sembra ancora consueta, e i genitori rivolgono alla figlia i consigli e i rimproveri di sempre, poco per volta il loro dialogo si incanala in una direzione diversa, senza sbocchi. Il padre e la madre sono ormai soli a enunciare e ripetere quelle frasi che, un tempo, alimentavano e tenevano in vita la comunità familiare. Adesso invece le parole dell'uno rimbalzano nelle associazioni di idee dell'altra, come se si trattasse di uno scambio di battute pronunciate meccanicamente: sembrano quasi non accorgersi che le frasi e gli aneddoti un tempo consueti e condivisi, risuonano vuoti e inutili, sradicati dal loro contesto. Adesso si ripetono non più per tenere in vita la memoria collettiva, ma per impedire che la morte la sovrasti, piegandola fino al silenzio. Il tempo avanza inesorabile: la casa che aveva contenuto tante parole vive si sta sgretolando; ogni tentativo di cambiare il corso degli eventi, di arrestare il destino ormai concluso è sempre più debole e votato al fallimento. Così, per esempio, i settantuno punti esclamativi che spiccano alla fine di più della metà delle frasi dell'ultimo

---

[22] GINZBURG, *Lessico famigliare*, cit., pp. 1109-1113.

paragrafo[23] vorrebbero tentare di mantenere le parole in un moto di vita inarrestabile, che non lascia spazio al silenzio. Al contrario, l'eccessiva esaltazione fa emergere in modo ancora più insistente e paradossale il vuoto che si propaga intorno e che, dopo l'ultima esclamazione («Quante volte l'ho sentita contar questa storia!»[24]), dominerà assoluto e per sempre.

In questo senso il dialogo finale di *Lessico famigliare* costituisce una citazione prolettica di tutti i testi che seguiranno. Le frasi ripetute, le battute esclamative, ormai prive di contesto e di pertinenza, riflettono la fine non solo del romanzo, ma di quella realtà fatta di memorie personali e familiari che lo tenevano in vita.

Sciolta l'unità della storia risulta difficile recuperare i propri ricordi isolandoli dal resto: classificare e ordinare la materia diventa allora uno sforzo, proprio perché la memoria, a differenza del passato, non possiede confini stabili, non è mai compiuta definitivamente[25].

Non è un caso quindi se, dopo il 1963, qualsiasi atto di scrittura della Ginzburg si elabori in un confronto problematico con il romanzo: il successivo, *Caro Michele*, sarà scritto infatti solo dopo dieci anni, nel 1973. Nel corso di quel decennio di interruzione, intanto, la scrittrice esplora altri generi letterari nei quali si ritrovano, sparsi, gli ele-

---

[23] L'ultimo paragrafo è composto da centoventisette frasi.
[24] GINZBURG, *Lessico famigliare*, cit., p. 1113.
[25] BOURSIER, *La mémoire*, cit.

menti chiave del *Lessico famigliare*. L'oralità familiare, per esempio, si riorganizza dal 1965 in battute che altre coppie e altre famiglie mettono in scena nelle pièce teatrali, mentre le riflessioni e le memorie personali confluiscono negli articoli scritti per varie testate di giornali[26].

E la pura memoria? La fine del *Lessico famigliare* l'ha sparpagliata. Adesso occorre cercarla non più in un singolo testo, ma all'interno di diversi scritti i quali, funzionando come vasi comunicanti, tessono tra loro una rete di rimandi e di complementarietà tali da rendere più difficile stabilire delle distinzioni. Nella *Nota* della raccolta *Mai devi domandarmi* (1970) l'autrice puntualizza:

> Avevo pensato di dividere questi scritti in due parti: da una parte gli scritti o i racconti di memoria, dall'altra parte gli altri. Nel momento di dividerli, mi sono accorta però che la memoria veniva a mescolarsi spesso negli scritti di non-memoria. Allora ho rinunciato a dividerli e li ho messi in ordine cronologico.
>
> Non mi è mai riuscito di tenere un diario: questi scritti sono forse qualcosa come un diario, nel senso che vi ho annotato via via quello che mi capitava di ricordare o pensare [...][27].

---

[26] Se si esclude una decina di testi scritti tra gli anni '40 e '50, è soprattutto a partire dall'anno di pubblicazione di *Lessico famigliare* (1963), che la Ginzburg si impegna in questo genere di scrittura, mentre il romanzo attraversa un periodo di sospensione.

[27] GINZBURG, *Mai devi domandarmi*, in *Opere, I Meridiani*, vol. II, Mondadori, Milano, 1987, p.4.

Ricordare barlumi e schegge

Se alcuni scrittori hanno tenuto un diario personale, Natalia Ginzburg affida la sua presenza autobiografica a una dimensione testuale generalmente poco propensa all'introspezione, il che non è altro che il bisogno di schermare il proprio io dietro un ambito più obiettivo, e permettergli così di manifestarsi. Pur continuando a segnalare quanto le sia difficile parlare di sé e occupare il centro della scena, la Ginzburg considera questi suoi scritti «qualcosa come un diario». In un'intervista dichiara a questo proposito:

> Io ho scritto anche degli articoli sui giornali. [...] Lì in genere usavo la prima persona, la vera prima persona, cioè parlavo di me. [...] Negli articoli di giornale io parlavo proprio in primissima persona[28].

Spesso, in quelle pagine, incontriamo la parola «memoria», o «memorie». In *Vita immaginaria*, il testo che dà il titolo alla raccolta omonima del 1974, Natalia riflette sulla vita «da vecchi» (ha allora 58 anni) e lo fa utilizzando il «noi», che è un'altra strategia per celare in una pluralità il proprio io. Guardando dietro di sé si sofferma sui ricordi e in particolare sulla felicità, che vede allontanarsi inesorabilmente:

> Da vecchi, abbiamo paura di dimenticare come era fatta la felicità. [...] C'è stato un momento della nostra esistenza, in cui abbiamo capito che non saremmo stati mai più felici, che il nostro

---

[28] MAURO et al., *Natalia Ginzburg, la narratrice e i suoi testi*, La Nuova Italia Scientifica, Roma, 1986, p. 64.

> destino poteva portarci tutto ma non più la felicità. Un simile momento segna nella nostra esistenza una linea di demarcazione, un solco nero e profondo. Per ricordare la felicità, dobbiamo guardare il suolo al di là di quel solco. Esistono in noi memorie. Ma le memorie ci portano, della felicità, solo alcuni connotati sparsi. Troviamo difficile ricostruirla nella sua immagine intiera[29].

La linea di demarcazione separa da un lato la nostra vita passata, che è fonte di nostalgie e rimpianti, dall'altro anticipa che la pura memoria, la memoria viva, è destinata a finire. Una volta superata la linea d'ombra, le memorie diventano lontane, perdono consistenza e si disgregano in frammenti, in cui tutto si mescola e si congiunge:

> Nelle memorie presenze e perdite sono indissolubilmente congiunte. Su ogni nostra lontana memoria, di dolore o di felicità, vediamo splendere un sole unico, rosso e lontano. Esso rende prezioso e luminoso, nel nostro passato, ogni infimo istante. [...] Esso è tuttavia così lontano che non sappiamo più ritrovare il calore dei suoi raggi sulla nostra fredda sabbia[30].

La lontananza nel tempo non solo altera e confonde la memoria, ma la rende anche più astratta. La «fredda sabbia» priva di calore è l'immagine della memoria pura e viva che si sta spegnendo... e una volta spenta seguirà uno dei due possibili de-

---

[29] GINZBURG, *Vita immaginaria*, in «Vita immaginaria», in *Opere, I Meridiani*, vol. II, cit., pp. 680-681.
[30] Ivi, p. 681.

stini: si perderà per sempre, oppure si trasformerà in patrimonio altrui, archivio, traccia che nel futuro qualcuno cercherà di interpretare.

Nel 1983, esattamente vent'anni dopo la pubblicazione della storia della famiglia Levi, Natalia Ginzburg pubblica La *famiglia Manzoni*, che i Meridiani definiscono una «ricerca storico-epistolare»[31], il che mette l'accento sul progetto scientifico dell'opera. All'inizio del libro uno schema dei gradi di parentela e di affinità presenta i protagonisti delle generazioni precedenti e successive ad Alessandro Manzoni; le lettere e le vicende narrate nel testo sono tratte da libri rari consultati in biblioteche.

Negli ultimi anni della vita di Natalia Ginzburg, quando il «sole rosso della sua memoria emana raggi sempre più deboli e privi di calore, questo genere di ricerca, per lei inedita, vuole forse essere un modo per misurare la distanza tra la memoria ancora viva di lei, all'interno della sua vita e della sua parentela, e quella di una famiglia che ha cessato di esistere? Nella prefazione a *La famiglia Manzoni* scrive:

> Questo libro vuole essere un tentativo di ricostruire e ricomporre per disteso la storia della famiglia Manzoni, attraverso le lettere, e le cose che se ne sanno. È una storia che esiste sparpagliata in diversi libri, per lo più introvabili dai librai. È tutta cosparsa di vuoti, di assenze, di zone

---

[31] Cfr. GINZBURG, *Cronologia*, in *Opere, I Meridiani*, vol. I, cit., p. LI.

oscure, come d'altronde ogni storia famigliare che si cerchi di rimettere insieme. Tali vuoti e assenze sono incolmabili[32].

Tali affermazioni rimandano alla conclusione de *Il formaggio e i vermi*, in cui Carlo Ginzburg, figlio di Natalia, giustapponendo i pieni e i vuoti della memoria storica, e in particolare delle classi subalterne, confronta gli opposti destini di Menocchio, mugnaio del '500, citato in numerosi documenti dell'epoca, e di un certo Marcato, di cui invece non ci sono giunte testimonianze:

> Di Menocchio sappiamo molte cose. Di questo Marcato, o Marco –e di tanti altri come lui, vissuti e morti senza lasciare tracce– non sappiamo niente[33].

La pura memoria integra il «niente» come chiave mancante[34]: i ricordi persi per sempre, le imprecisioni, il silenzio ne fanno parte. Per questo le parole che trasmettono barlumi e schegge di esistenze o storie passate trovano un loro senso anche attraverso quello che la memoria non sa: o che non può o non vuole ricordare. Nella scrittura anche i vuoti e le lacune hanno spazio e presenza, e completano il testo nella sua giusta densità.

---

[32] GINZBURG, *La famiglia Manzoni*, in *Opere, I Meridiani*, vol. II, cit., p. 809.
[33] GINZBURG, *Il formaggio e i vermi*, Einaudi, Torino, 1976, p. 148. Cfr. BOURSIER, *La mémoire*, cit.
[34] CRAPANZANO, *Imaginative Horizons. An essay in Literary-Philosophical Anthropology*, University of Chicago Press, Chicago, 2004, p. 16.

Ricordare barlumi e schegge

La poesia che Natalia scrisse dopo la morte del marito Leone, il 5 febbraio 1944, si intitola *Memoria*[35]. Nessun aggettivo accompagna la parola, ma riconosciamo in essa una pura memoria. Questa poesia è l'unico scritto in cui Natalia, parlando di se stessa alla seconda persona, evoca il suo dolore privato, di cui le parole mettono a fuoco alcuni istanti: l'ultimo incontro nella camera mortuaria («Sollevasti il lenzuolo per guardare il suo viso, / ti chinasti a baciarlo con un gesto consueto. / Ma era l'ultima volta»), la persistenza del ricordo («Oggi ancora nel tempo che passa sollevi il lenzuolo / a guardare il suo viso per l'ultima volta»), la solitudine («Se cammini per strada nessuno ti è accanto»), l'assenza («spento il fuoco, vuota la casa»). I versi lunghi raccolgono schegge sparse della tragedia, e archiviano tutte le zone buie e taciute della vicenda, sulle quali non si saprà mai niente.

---

[35] *Memoria* viene pubblicata per la prima volta sulla rivista *Mercurio* (Roma, dicembre 1944), ed è stata inclusa nell'*Antologia poetica della Resistenza italiana* (a cura di E. Accrocca e V. Volpini), Landi, Firenze, 1955. L'intervista che Oriana Fallaci fece alla Ginzburg nel 1963 si conclude con «la poesia su Leone», che Natalia, superando le iniziali reticenze, accetta di leggere (cfr. FALLACI, *Gli antipatici*, Rizzoli, Milano, 1963, pp. 337-358.). *Memoria* è stata anche inserita nella biografia di PFLUG, *Natalia Ginzburg*, cit., p. 74.

UN LESSICO FAMIGLIARE SARDO/TOSCANO: *LA DOPPIA RADICE* DI LUCIANA FLORIS

Laura Nieddu

L'ansia della memoria è la spina dorsale della letteratura sarda contemporanea: scorrendo le pagine degli autori attuali, e anche rimontando nel tempo, si assiste alla spasmodica ricostruzione di epoche sepolte della storia dell'isola, un po' a mo' di rivalsa verso il presente, un po' come testimonianza di un altrove cronologico che serve a giustificare e valorizzare le vicende di più immediata immanenza. Questa ricostruzione storica passa spesso attraverso opere di aspetto memoriale, con ricordi veri o verosimili, tramandati di preferenza oralmente nella finzione letteraria, nel timore che le radici di una terra tanto antica quanto misteriosa si perdano definitivamente. L'urgenza della memoria implica uno sforzo collettivo quanto individuale e assume forme diverse: conservazione delle tradizioni, che sfocia, talvolta, nello sfruttamento del folklore a fine promozionale, recupero di eventi e narrazioni che risalgono a epoche buie dell'epopea sarda, con evidenti rischi di mitizzazione, e, per finire, memoria finalizzata al mantenimento di uno status quo all'interno di una comunità.

È possibile citare esempi concreti per ognuna delle tipologie di memoria a cui si è accennato: sulla conservazione delle antiche usanze, talvolta ossessiva e fuori tempo massimo, esemplari sono i romanzi di Salvatore Niffoi[1] o, ancora, i testi di Giulio Angioni, scrittore e antropologo, che alla graduale scomparsa delle tradizioni ha legato praticamente tutte le sue storie, seppur non in maniera nostalgica, bensì come constatazione di un progresso che avanza inesorabile[2].

Per quanto riguarda la ricostruzione di una civiltà remota e utopica dell'isola, il pensiero va subito a *Passavamo sulla terra leggeri* di Sergio

---

[1] Per un'analisi di alcune opere di Salvatore Niffoi, si rimanda ai nostri studi: NIEDDU, *La leggenda di Redenta Tiria: la santità come stranezza*, «Curieux Personnages», Saint-Étienne, Publications de l'Université de Saint-Étienne, 2010, pp. 367-382; *Il mare come limite di paura in Salvatore Niffoi*, «Between», rivista online, 1.1 (2011): http://ojs.unica.it/ index.php/between/article/view/142); *La funzione delle metafore in Salvatore Niffoi*, in DEL GATTO (a cura di), «La metafora da Leopardi ai contemporanei. Studi medievali e moderni», 20.1 (2016), pp. 281-292; *Eva, Evae. Salvatrici in potenza e poteri femminili ne* L'ultimo inverno *di Salvatore Niffoi*, in MARINO – SPANI (a cura di), *Donne nel Mediterraneo. Dinamiche di potere*, Lanciano, Carabba, 2018, pp. 111-120.

[2] Per uno studio approfondito sulla narrativa di Giulio Angioni, si rimanda al saggio di MANAI, *Cosa succede a Fraus? Sardegna e mondo nel racconto di Giulio Angioni*, Cagliari, CUEC, 2006.

Atzeni³, dove la memoria orale e collettiva di un passato glorioso del popolo sardo diventa il filo rosso che attraversa l'intero percorso narrativo. Importanti in tal senso anche *Lune di stagno* e *Millant'anni* del già citato Angioni⁴, grazie ai quali l'autore scava e riporta alla luce gli strati di sovrapposizioni culturali che hanno contribuito a costruire la Sardegna di oggi, dai suoi trascorsi fenici, passando per le epoche araba e spagnola, per arrivare fino agli stravolgimenti sociali contemporanei.

Se si legge poi la memoria come base per recriminazioni e faide, entra obbligatoriamente in scena Marcello Fois, non solo coi suoi romanzi ambientati nel diciannovesimo secolo, ma anche con quelli che offrono una radiografia della realtà contemporanea, che è implacabilmente figlia del passato, rivelando così il coinvolgimento di una memoria che avvelena gli animi e li incatena ad offese anche molto antiche⁵. Su una linea narrativa simile si collocano le opere del già menzionato Niffoi, il quale, disegnando una Sardegna atavica-

---

³ATZENI, *Passavamo sulla terra leggeri*, Mondadori, Milano, 1996. Per una visione d'insieme sulla sua produzione, si consiglia la lettura del saggio di MARCI, *Sergio Atzeni: A Lonely Man*, Cagliari, CUEC, 1995.

⁴ ANGIONI, *Lune di stagno*, Cagliari, Demos, 1993; *Millant'anni*, Nuoro, Il Maestrale, 2002.

⁵ In tal senso, si veda il nostro studio, NIEDDU, *La blessure ouverte de l'histoire sarde dans la trilogie de Bustianu de Marcello Fois*, «Italies», 15 (2011), pp. 293-306, nonché il volume di MARRAS, *Marcello Fois*, Fiesole, Cadmo, 2009.

Un lessico famigliare sardo/toscano

mente attaccata a un tempo remoto, non può che portare il lettore in un mondo in cui gli sgarbi si ingigantiscono a dismisura e diventano non ricordi, ma "i" ricordi.

Data l'importanza che la custodia della memoria rappresenta nella società e nella cultura sarde, nella letteratura un posto d'onore è ricoperto dai romanzi a sfondo storico, che mirano, appunto, a recuperare e proteggere pagine poco conosciute del passato dell'isola, anche allo scopo di promuovere un'immagine altra rispetto a quella di una terra esotica e selvaggia. La tradizione del romanzo storico sardo è iniziata intorno al 1850 e, come sottolineato da Amalia Maria Amendola nel suo *L'isola che sorprende*, «al centro dell'interesse dei romanzieri sardi ci sono le vicende isolane (spesso sospese tra leggenda e storia), personaggi storici di rilievo, la dignità del popolo sardo con la sua lunga condizione di servaggio e con i suoi caratteri distintivi»[6]. Inoltre, sempre secondo la studiosa, «i personaggi storici protagonisti di molte di queste opere svolgono perciò una duplice funzione: far conoscere episodi della storia sarda ad un pubblico quanto più ampio possibile da un lato, cancellando l'immagine di una Sardegna barbara e incolta; dall'altro contribuire alla crescita dell'identità culturale del popolo sardo, mantenendo viva la sua memoria storica»[7]. Alla luce di ciò si com-

---

[6] AMENDOLA, *L'isola che sorprende. La narrativa sarda in italiano (1974-2006)*, Cagliari, CUEC, 2006, p. 40.
[7] Ivi, p. 41.

prende che l'impegno degli scrittori isolani non è mai limitato ad un'espressione personale fine a sé stessa, poiché attraverso le loro opere agiscono per la valorizzazione della loro terra e per il rafforzamento di tradizioni e radici, pilastri essenziali del vivere comune, che si teme si perdano a contatto con la cultura nazionale o nel confronto globale. Si rileva quasi un'ossessione per il passato, che torna costante e si riflette sul presente, a beneficio di chi ricorda troppo o di chi non lo fa abbastanza.

La doppia radice[8], romanzo scritto da Luciana Floris, giornalista e pubblicista sarda residente a Firenze, dove insegna filosofia, si inserisce in questo filone storico-memoriale, poiché la valigia di ricordi che l'autrice apre davanti agli occhi del lettore non è colma solo di fatti, parole e luoghi appartenenti ad una stretta cerchia di persone, trattandosi piuttosto di un bagaglio comunitario. L'opera racconta tre generazioni di una stessa stirpe, in una zona della provincia di Oristano, un tempo immensa palude, dove viene costruita la città di Mussolinia, inaugurata nel 1928, attualmente Arborea, grazie all'arrivo dal *continente* di duecento famiglie di coloni inviate da Mussolini[9]. Tra questi, nel testo, si trovano anche i nonni toscani della narratrice, che portano sull'isola usi, costumi e lingua della loro terra d'origine e si confrontano con il differente modo di vita sardo.

---

[8] FLORIS, *La doppia radice*, Nuoro, Il Maestrale, 2005.
[9] BRIGAGLIA – MASTINO et al., *Storia di Sardegna*, Bari, Laterza, 2002, vol. V, pp. 83-99.

Un lessico famigliare sardo/toscano

Lungo tutta l'opera si assiste ad una continua sovrapposizione dei piani temporali incarnati dalle protagoniste femminili: Armida, la nonna, giovane toscana che, come si è detto, arriva sull'isola in piena epoca fascista; Clara, madre della narratrice, che scopriamo bambina e ritroviamo adulta, prima come moglie di Tommaso, maestro elementare sardo, poi come casalinga e sarta in carriera; infine la narratrice, di cui non conosciamo il nome, che ci racconta la sua infanzia e giovinezza, fino alla sua vita attuale di giornalista. Non bisogna, però, immaginare sequenze temporali ben delimitate e riconoscibili, poiché rapidi quadri della vita di ciascuna si alternano senza soluzione di continuità, tanto che a volte risulta difficile capire di quale donna tratti ogni brano. I salti cronologici sono notevoli, motivati da spunti logici o semplicemente emozionali di chi racconta, che si fa carico dei sentimenti e delle esperienze delle altre donne. L'epoca in cui si svolge la trama, dunque, non è unica, al contrario si assiste a un continuo accavallamento di più periodi storici, senza differenziazione grafica o altri elementi che ci permettano di comprendere *d'emblée* di quali anni si stia parlando. Nemmeno le scelte formali aiutano il lettore a trovare dei punti di riferimento fermi per situare le azioni e le memorie; difatti, praticamente l'intera narrazione viene portata avanti col presente storico, che regala immanenza al testo. E la scelta non è casuale, dato che, come sottolinea Antonio Sorella, la caratteristica del presente storico, letta come metafora temporale, è quella di creare un effetto pluriprospettico, poiché dà, allo stesso tempo, un'impressione di profondità temporale e di vicinanza[10]. Proprio la vicinanza, a nostro parere, è l'effetto che vuole provocare la scrittrice: vuole portarci accanto alle donne che attraversano il tratto di mare che separa il *continente* e l'isola con speranze e sofferenze, vuole prenderci per mano e condurci accanto a Clara, vicino alla macchina da cucire, per vivere con lei le preoccupazioni familiari e il quotidiano domestico, vuole renderci compagni di giochi e complici *tout court* della narratrice, che cerca di comprendere da dove vengano le anomalie che rendono la sua famiglia diversa dalle altre. Sempre per restare sullo stile, come evidenziato da Filippo La Porta, «la prosa oscilla tra una certa elementarità e l'uso di un linguaggio da inchiesta antropologica, tra lirismo sincero ma un po' convenzionale e la precisione dei riferimenti di costume»[11]. La semplicità dell'esposizione è data dal punto di vista interno della narratrice che, per quanto sia ormai un'adulta al momento del racconto, mantiene uno sguardo ingenuo, quasi infantile, sulle cose che ricorda o che le sono state raccontate da sua madre e da sua nonna, in un va e vieni continuo dalle

---

[10] Cfr. SORELLA, *Per un consuntivo degli studi recenti sul presente storico*, «Studi di grammatica italiana», 12 (1983), pp. 307-319.
[11] LA PORTA, *La nonna che sapeva leggere il futuro*, «Left – Avvenimenti», 7 (2007), p. 82.

Un lessico famigliare sardo/toscano

esperienze di vita dell'una e dell'altra. In questo modo, i ricordi dei giochi fatti da bambina da lei o da sua madre sono accostati senza distinzione di rango a quelli sul passaggio del Duce ad Arborea o a quelli sulla tragica traversata in mare dei coloni.

Per quanto non sia stato dichiarato apertamente, il romanzo è di stampo autobiografico e il fatto che non venga indicato il nome della voce narrante rende più facile una identificazione tra questa e l'autrice. Non è, infatti, difficile cogliere la base reale della storia raccontata, poiché la famiglia della scrittrice presenta anch'essa una doppia radice toscano/sarda, dato che i suoi nonni materni arrivarono in Sardegna proprio nel periodo fascista per i lavori di bonifica delle zone paludose descritte. Non è nemmeno casuale che la dedica del retrofrontespizio sia per i genitori della Floris, poiché suo padre era un insegnante sardo e sua madre una sarta, esattamente come Tommaso e Clara. Singolare e rivelatrice, poi, la scelta del nome dietro cui la romanziera decide di celare sua madre, nella vita Edda, nella storia Clara, entrambi appellativi che fanno riferimento a donne importanti nella vita del Duce. Intervistata sul perché abbia scritto questo romanzo, l'autrice risponde:

> Forse perché era il libro che avrei voluto leggere. Ci pensavo fin da bambina, volevo interrogarmi su questa doppia radice, su queste diverse appartenenze linguistiche e familiari, geografiche e storiche. Molti mi consideravano *istrangia*, non sarda, e ciò mi faceva soffrire perché non riu-

scivo a sentirmi a casa neppure nel luogo dov'ero felicemente nata[12].

Si può considerare questa, dunque, un'opera catartica, nonché di apologia della propria diversità. Partendo da tali premesse, si possono mettere in evidenza due piani di lettura, uno più intimo, l'altro propriamente storico. Al primo appartengono i ricordi familiari, quelli della quotidianità, i pensieri e le sensazioni della narratrice nel riportare alla mente fatti vissuti in prima persona o solo trasmessi attraverso la sua voce; del secondo, invece, fanno parte tutti i racconti legati all'immigrazione toscana in Sardegna, i rapporti col fascismo, gli elementi fondanti della vita professionale e sociale dei coloni, la ricostruzione postbellica, nonché gli accenni a eventi più recenti, come le proteste giovanili degli anni '70. È qui che l'ottica si allarga e ci si allontana dal puro nucleo familiare per inglobare la comunità sarda in generale, lasciando spazio ad una chiara intenzione di divulgazione culturale, tanto cara alla maggior parte degli autori isolani. Questa influisce anche sulle scelte linguistiche della scrittrice, dato che, nelle parti del romanzo che trattano del lavoro di bonifica, dei giochi dei bambini o, ancora, delle abitudini delle donne nei lavori di casa, si ritrovano molte parole della lingua sarda. Il brano che segue ne è un esempio significativo:

---

[12] *Una comunità che si è radicata alla terra*, «La Nuova Sardegna» (27 ottobre 2008).

Un lessico famigliare sardo/toscano

> Il rumore del mare cullava i sonni degli operai che, in passato, restavano a dormire in *su sattu*, in aperta campagna. Si ritrovavano la mattina, col buio, all'uscita del paese e avanzavano tutti insieme, ognuno con la lanterna –la fiamma protetta da vetrini antivento– e *sa musciglia*, uno zainetto col pane, un po' di lardo, una borraccia d'acqua e un coltello per tagliare le erbe selvatiche commestibili: *camingioni, angulias, sparau*[13]. [...] C'erano *is tremuèus*, sabbie mobili dove animali e umani sprofondavano [...] E le *espis forràneus*, piccole vespe che pungevano in modo mortale. Quella terra era *sa idda 'e is espis*, il paese delle vespe[14].

Per queste scelte linguistiche, Luciana Floris si inserisce perfettamente in quella che è stata definita *nouvelle vague sarda*[15] e, come molti scrittori che ne fanno parte, anche lei ha un doppio obiettivo, ovvero quello della narrazione artistica, a fini espressivi, e quello didascalico/enciclopedico, per rendere edotto il lettore su un'epoca poco raccontata della Sardegna o sui fattori caratterizzanti una data parte del popolo sardo. Anche grazie alle inserzioni in *limba*, dunque, ne *La doppia radice* viene ricostruito un affresco di più momenti storici, quasi un documentario, scandito da date e

---

[13] Rispettivamente, tarassaco, linaria arcusangeli, asparagi.
[14] FLORIS, *La doppia radice*, cit., pp. 46-47.
[15] Sul fenomeno della *nouvelle vague sarda*, si rimanda al nostro saggio: NIEDDU, *Un'onda infranta? Considerazioni sulla parabola della nouvelle vague sarda*, «Rhesis. International Journal of Linguistics, Philology and Literature», 8.2 (2017), pp. 91-102.

tappe ben precise, eventi nazionali osservati da un'ottica locale e principalmente con occhi femminili.

L'epoca, come abbiamo detto, è in gran parte quella fascista, periodo raccontato già da altri autori isolani: si pensi, ad esempio, a *Stirpe* di Marcello Fois[16] o alle opere di ambientazione storica di Luciano Marrocu[17], giusto per citare due tra gli scrittori sardi di maggiore successo. Tuttavia, la lettura dei fatti è sempre maschile, i protagonisti in prevalenza uomini. La novità de *La doppia radice* è che lo sguardo sui fatti è sostanzialmente femminile[18], le voci sono voci di donne, i ricordi sono quelli delle lavoratrici dei campi, delle mogli degli operai, di coloro che accudiscono case e figli e li crescono seguendo l'ideologia fascista quasi come una religione.

Armida, come le altre donne che hanno attraversato con lei il mare verso la Sardegna, ha assimilato i discorsi di indottrinamento ed è lei stessa a trasmetterli ai figli, in linea con un generale sentimento di riconoscenza e adorazione diretto al Duce, evidente in questo passo:

---

[16] Fois, *Stirpe*, Torino, Einaudi, 2009.
[17] Marrocu, *Fáulas*, Nuoro, Il Maestrale, 2000; *Debrà Libanòs*, Nuoro, Il Maestrale, 2002; *Scarpe rosse, tacchi a spillo*, Nuoro, Il Maestrale, 2004.
[18] Ad onor del vero, anche *La vedova scalza* di Salvatore Niffoi (Milano, Adelphi, 2006) e *Vincendo l'ombra* di Mariangela Sedda (Nuoro, Il Maestrale, 2009) presentano voci femminili e sono ambientati nello stesso periodo storico, ma il racconto del fascismo resta marginale.

> E quando lui si affaccia al balcone della Casa del Fascio le maestre ossequiano col saluto romano, e un mormorio di ammirazione corre fra la gente. Una mezzadra grida: – Tu sei l'uomo più bello e più bravo del mondo! – A Clara il cuore batte forte, un groppo le stringe la gola; deve ricacciare le lacrime indietro, davanti a quel comandante che comanda tutto il mondo, che è grande e buono come Gesù, come Dio[19].

Come si è detto, questa è una narrazione centrata su una famiglia, che però diventa emblema di tutta una comunità, nel senso che ciò che succede nella comunità si riflette nel nucleo familiare. Parlare quindi di Armida, Sauro, Clara, Tommaso e dei loro figli significa allargare ineludibilmente il discorso a quella parte di popolo sardo che viveva nelle stesse condizioni storiche e sociali, e questo grazie alle donne, che fungono da ponti per la memoria[20].

Queste emergono come i veri cardini della narrazione, non solo per le relazioni personali che in-

---

[19] FLORIS, *La doppia radice*, cit., p. 65.
[20] Da rilevare che donne e memoria, intesa come insieme delle conoscenze della comunità e delle storie che hanno mosso da questa, sono strettamente legate in certe parti dell'isola, in particolare in Barbagia, nella profonda Sardegna, dove vigeva (e in parte vige ancora) il codice barbaricino, un sistema di norme parallelo alle leggi ufficiali nazionali. Qui, come rileva Paola Sirigu, la donna, e specialmente la figura della madre, è «custode di ogni tradizione, sacerdotessa di ogni rito, trasmettitrice di *su connottu*», SIRIGU, *Il codice barbaricino*, Cagliari, Editore La Riflessione, 2007, p. 82).

tercorrono tra Armida, Clara e la narratrice, con le tensioni, le differenze generazionali e gli inevitabili scontri familiari, ma anche perché sono poste al centro di molti dei racconti trasmessi, come attrici concrete nella vita della comunità ed eroine del quotidiano. E il quotidiano è proprio il fulcro, almeno apparente, del romanzo, come annunciato dall'incipit:

> Mia madre cuce. Seduta alla vecchia Singer, china su sé stessa. Le braccia tendono il tessuto, le gambe spingono il pedale, con un movimento ondulatorio che fa scattare un rumore meccanico, un po' ossessivo[21].

Il titolo del capitolo di apertura è «Punti, sottopunti», che, sì, indica la scrupolosa attività di cucito della madre, ma è anche, e soprattutto, un invito al lettore a fare attenzione a tutte le tappe del racconto, come fossero punti da unire in un gioco di enigmistica, per seguire i fili delle diverse narrazioni che vi si intrecciano, dando vita ad un andamento non lineare della storia, ma altalenante, come anticipato metaforicamente dal movimento ondulatorio delle gambe sul pedale. La trama che emergerà alla fine sarà la vita della comunità in cui i protagonisti si muovono, unitamente a quella della famiglia sardo/toscana e a quella della narratrice, quest'ultima risultato delle esperienze, delle abitudini e delle fisime di chi l'ha preceduta. A più riprese, infatti, nel testo vengono indicate le

---

[21] FLORIS, *La doppia radice*, cit., p. 11.

cause di certi comportamenti del presente, da ricercare in avvenimenti del passato che hanno lasciato il segno. A volte si tratta di fattori positivi, come in questo caso:

> Al mare ci andiamo in bicicletta. È il nostro unico mezzo di trasporto. C'è una tavola di legno che loro chiamano *la stecca* [...] Mia madre mi fa sedere lì sopra, le gambe da una parte, con un piccolo cuscino, perché altrimenti la stecca fa male, le mani strette intorno al manubrio. [...] Quando vedo delle macchie colorate alzo un braccio, punto il dito. Dico: - *Foe, foe*! Lei si ferma, scende dalla bicicletta che mio padre tiene in equilibrio, entra nei campi per cogliere i fiori, ritorna con un mazzolino di margherite gialle. Io ne respiro il profumo, le stringo in mano. [...] Più avanti, negli anni, andando per certi sentieri di campagna, mia madre coglierà ancora dei fiori, me li porgerà. È un gesto antico fra di noi[22].

In altri casi, i ricordi son ferite che bruciano ancora e che condizionano il modo di comportarsi della narratrice nel presente:

> La piazza è stretta, affollata, non si respira. Mia madre mi tiene per mano, anche se non sono più una bambina. La gente è tutta ammassata, qualcuno mi si appoggia addosso, si aggrappa, come se stesse per cadere. Forse cerca un sostegno. Bisogna avere pazienza, penso. Ma quelle mani restano lì, attaccate ai miei fianchi, cominciano a percorrerli avanti e indietro. Non può essere niente di male, se fosse così lei se ne accorge-

---

[22] Ivi, pp. 36-37.

> rebbe, invece non dice niente ed è accanto a me tranquilla. Ma quelle mani estranee continuano a percorrermi: se abbasso lo sguardo le vedo sul vestito a fiori gialli: mani ossute e rugose, da vecchio. [...] Da allora non voglio più andare in mezzo alla folla[23].

Traumi da donne, potremmo dire, e ricordi prettamente femminili sono anche quelli della prima masturbazione, sentita come proibita pur essendo la narratrice ancora giovanissima, quelli delle prime mestruazioni, quelli dei primi innamoramenti. Aneddoti che servono a tracciare le figura della voce narrante e a metterla, talvolta, in contrasto generazionale, seppur indirettamente, con la madre e la nonna.

Interessante è vedere in che modo i ricordi sono esposti e si susseguono. A volte la narrazione avanza per processi associativi, nel senso che da un ricordo si viaggia verso un altro, seguendo un filo logico o anche solo un elemento in comune tra due rievocazioni, come succede nel caso qui di seguito. La narratrice racconta di quando sua madre aveva preso i pidocchi durante la traversata verso la Sardegna e sua nonna cercava di debellarli, con mano esperta e minuziosa, sia dalla sua testa che dai suoi indumenti:

> Clara si lamenta, strilla, ma bisogna patire un po', dice Armida. Intanto i vestiti bollono nel

---

[23] Ivi, pp. 130-131.

> paiolo. (pausa nel testo) I vestiti americani, Armida li va a prendere dal fattore[24].

Come si vede, qui si passa da un aneddoto all'altro con un salto in apparenza incoerente della narrazione, che procede per associazioni mentali, proprio come spesso succede nell'oralità nel riportare fatti passati. Altre volte gli eventi narrati l'uno di seguito all'altro sono totalmente staccati tra di loro e non è possibile per il lettore ricostruire il ponte che li collega; talvolta, invece, si ha una successione di ricordi che segue una sorta di sistema di matrioske, come dei cimeli mentali che ne svelano altri.

Ora, se il titolo del romanzo fa riferimento a due fonti distinte di tradizioni e usi, bisogna dire che esiste una seconda chiave di lettura della *doppia radice*, ovvero quella delle due lingue che compongono la realtà della famiglia narrata, da una parte toscana, dall'altra sarda, con differenze, compenetrazioni e sincretismo comunicativo riassunti nella persona stessa della narratrice. Pertanto, due anime espressive esistono nel testo. Si veda qui un esempio della prima, quella che rappresenta l'altrove e l'estraneo, messa in rilievo dal corsivo:

> Nonna Mida mi porta con sé a rigovernare i *cuniglioli*. Non bisogna infilare il dito nella rete: è pericoloso, possono *morsicare*. Lei socchiude lo sportello della gabbia e infila l'erba medica che tiene nel *grembiale*. [...] Il coniglio allora si ar-

---

[24] Ivi, p. 103.

> rende e penzola molle, gli occhi strabuzzati.
> Nonna Mida dice ecco, *l'è bell'e ito*[25].

La lingua toscana è inestricabilmente legata ad Armida, col carico di affetto e nostalgia che tale figura porta con sé, definita dalla narratrice come l'incarnazione stessa della radice doppia, «*s'istrangia*, l'accento che dischiudeva un altro orizzonte e invitava a partire»[26].

Al toscano si affianca il lato linguistico sardo, che è quello più nutrito, dato che un gran numero di vicende si svolge sull'isola, e anche in questo caso le parole non italiane sono sottolineate dal corsivo nel testo[27]. Quindi, se a livello stilistico l'insistenza sulle parole *strane*, che puntellano praticamente tutta la narrazione, sembra perpetuare differenze interne alla famiglia e alla comunità, in verità rappresenta un ulteriore strumento della memoria, che rinforza, ad esempio, la raccolta di testimonianze dei lavoratori arrivati sull'isola, coi loro accenti così diversi

---

[25] Ivi, p. 21.

[26] Ivi, p. 183.

[27] Gli esempi sono numerosi, se ne offre uno qui di seguito: «Tommaso va spesso alla stazione, a veder passare i treni. È il divertimento maggiore dei ragazzi, in paese. Certo, talvolta giocano a *sa strumpa* [...], una lotta estrema che decide chi davvero è *balente*, mentre il cerchio degli spettatori si stringe intorno. Oppure si sfidano a *cuaddus fottis*, quelle figure animalesche che si fronteggiano, i ragazzi saliti con la rincorsa gli uni sulla groppa degli altri. [...] Allora si salutano con quel ritornello scherzoso: *Eh issasa, pira cotta pira crua, ognunu a domu sua*», ivi, p. 100.

Un lessico famigliare sardo/toscano

dalla parlata locale. Non c'è un giudizio di valore o una predilezione manifesta per l'una o l'altra lingua, poiché si tratta semplicemente di due facce di una stessa realtà, marche della distinzione esistente all'inizio della storia, ma ormai superata e riassunta nella persona della narratrice. *La doppia radice*, infatti, è anche il racconto della sua crescita culturale, di un processo di mediazione non solo linguistico:

> Le prime parole sono a metà fra due lingue. Mio padre dice *aja*, mia madre uva. Io dico: *agu*. Lei ribatte – lui non osa imporre la sua lingua: si dice uva. Io insisto, con convinzione: *agu*. Non voglio accettare le parole dei grandi. Perché devo usare i loro nomi e rinunciare ai miei?[28]

Il quadro superficiale della narrazione è composto da un continuo rimando ai due codici espressivi della famiglia, ma, scavando maggiormente, si capisce che quel piano serve a dar conto della storia di integrazione progressiva di due mondi e, in tale ottica, i termini messi in rilievo sono elementi documentari di uno scenario a tratti lontano, ma ancora vivo. La strada per accedere al senso più profondo di queste scelte stilistiche e formali, quello che ci porta a leggere tali parole come *madeleines* o a vederle come finestre verso angoli nascosti della mente della narratrice, ci è indicata non tanto da Luciana Floris, quanto da Natalia Ginzburg nel suo *Lessico famigliare*, in particolare grazie a questo significativo estratto:

---

[28] Ivi, p. 37.

Laura Nieddu

> Noi siamo cinque fratelli. Abitiamo in città diverse, alcuni di noi stanno all'estero: e non ci scriviamo spesso. Quando ci incontriamo, possiamo essere, l'uno con l'altro, indifferenti o distratti. Ma basta, fra noi, una parola. Basta una parola, una frase: una di quelle frasi antiche, sentite e ripetute infinite volte, nel tempo della nostra infanzia. Ci basta dire "Non siamo venuti a Bergamo per fare campagna" o "De cosa spussa l'acido solfidrico", per ritrovare a un tratto i nostri antichi rapporti, e la nostra infanzia e giovinezza, legata indissolubilmente a quelle frasi, a quelle parole. Una di quelle frasi o parole, ci farebbe riconoscere l'uno con l'altro, noi fratelli, nel buio d'una grotta, fra milioni di persone. Quelle frasi sono il nostro latino, il vocabolario dei nostri giorni andati, sono come i geroglifici degli egiziani o degli assiro-babilonesi, la testimonianza d'un nucleo vitale che ha cessato di esistere, ma che sopravvive nei suoi testi, salvati dalla furia delle acque, dalla corrosione del tempo. Quelle frasi sono il fondamento della nostra unità familiare, che sussisterà finché saremo al mondo[29].

Come per Natalia Ginzburg, anche nel libro di Luciana Floris è possibile rintracciare la stessa base di riflessione, poiché le parole hanno una forza evocativa potente, a volte fungono da presagi[30], altre da incantesimi:

---

[29] GINZBURG, *Lessico Famigliare*, Torino, Einaudi, (1963) 2014, p. 20.
[30] «*Alabirdis*, ripeteva Armida fra sé in quella lingua straniera, *Alabirdis*. Quella parola le faceva venire i brividi

Un lessico famigliare sardo/toscano

> Quel mobile, mia madre lo chiama *tualet*. Dunque, io lo chiamo *mialet*. Ma lei insiste: –No, si dice *tualet*! – Io non capisco: se dice che è mio, perché io devo dire che è suo? Insomma, quel mobile è sempre dell'altro. Non può diventare proprio. Forse è un gioco. Come nelle fiabe, ci sono parole che hanno il potere di creare incantesimi. Forse *mialet* è una parola segreta, può far sparire il mobile, io non ci potrò più giocare e lei si arrabbierà[31].

Talvolta ci sono misteri da scoprire, come nelle parole nascoste nelle enciclopedie, o ci sono termini strani, da ripetere senza capire, come quelli che compongono le poesie di Jacques Prévert, ma in tutti i casi, i vocaboli e le espressioni che emergono dal testo servono da collante tra i diversi membri della famiglia, tessono trame invisibili ma pregnanti di storie e ricordi, aprono finestre verso punti precisi del passato. D'altronde, l'utilizzo delle parole come chiavi di porte della memoria non è l'unico elemento che *La doppia radice* e *Lessico famigliare* hanno in comune: ci sono fattori più superficiali, come la descrizione, in entrambe le storie, di madri perennemente insoddisfatte, il contrasto bonario tra i genitori di ciascun romanzo, il periodo storico raccontato (quello del fascismo), la dimensione autobiografica che sia Luciana Floris che Natalia Ginzburg vorrebbero non evidenziare. Esiste, inoltre, un piano di lettura co-

---

lungo la schiena, sibilava come un presagio sinistro», ivi, p. 29.
[31] Ivi, p. 37.

mune più profondo, costituito da un tempo circolare che marca entrambe le opere, un tempo in cui tutto torna e in cui le autrici si rifugiano per evitare di crescere. Questa dimensione, messa in rilievo da Sarah Decombel per la prima parte di *Lessico famigliare*[32], è perfettamente adattabile a *La doppia radice*, nel quale i ricordi sono àncore in un continuo viavai frenetico e spaesante: la narratrice si rifiuta di avanzare, tanto che non trascura, non getta via nessun dettaglio, portando avanti una tradizione familiare di accumulo di oggetti, in particolare confezioni alimentari e scampoli di stoffe per la madre e foto, registrazioni e carta di giornale per quanto riguarda il padre. Allo stesso modo, la protagonista del presente colleziona ricordi e brevi storie per decorare la propria esistenza, benché si liberi di tutto il superfluo materiale in segno di opposizione alla madre, perché «rifiutare di buttare via è aggrapparsi al tempo, volerlo fermare, fissare nell'accumulazione delle cose»[33]. Malgrado questa apparente ribellione al modo di fare dei suoi genitori, ella appare ancora più ossessionata di loro dalla volontà di conservare, non solo perché immortala puntigliosamente su carta il pas-

---

[32] «[...] all'inizio del romanzo risulta predominante il tempo ciclico dell'«ordinario tran-tran familiare», delle abitudini domestiche e del lessico famigliare, in quanto il «gioco iterativo» o «linguaggio pattern» aiuta la famiglia a scongiurare lo scorrere del tempo», DECOMBEL, *Il tempo e i Tempi in "Lessico famigliare" di Natalia Ginzburg*, «Nuova serie», 5.3 (2009), pp. 101-108: 102.

[33] Ivi, p. 165.

sato familiare, ma anche perché si ritrova, adulta, a volersi vestire solo coi vestiti che sono stati di sua madre, «indumenti che, con gli anni, si erano caricati di memoria: addensata nelle trame del tessuto, sbiadita come i colori»[34], o a mangiare solo quello che lei le cucina e le congela, a dimostrazione del fatto che, in realtà, si muove ma è immobile.

Il sentimento di un tempo circolare si fa ancora più evidente ne *La doppia radice* se si guarda ai tre personaggi femminili e a come le loro esperienze sembrino perpetuarsi nelle generazioni successive, seppur con le dovute differenze: Armida rappresenta l'inizio della famiglia, il punto di partenza di certe abitudini –anche lei non buttava via niente–, legate alla guerra e al fascismo, la nascita di determinate paure che si trasmettono di madre in figlia; Clara segna invece l'avvento della modernità, rinforzando l'integrazione dei forestieri in Sardegna grazie al matrimonio con Tommaso e incoraggiando l'emancipazione femminile nella dimensione privata, attraverso la sua attività di sarta; sua figlia, per finire, segue, sì, le orme della madre nell'aspirazione all'indipendenza, ma si premura di conservare tutte le tradizioni familiari, recuperando, di conseguenza, quella doppia radice che Clara, in qualche modo, aveva accantonato per conseguire un totale inserimento nella vita sull'isola. La narratrice porta avanti, benché in maniera involontaria, la 'sovrapposizione' con la madre, come lei stessa riconosce:

---

[34] Ivi, p. 166.

> Sempre più, il mio viso somiglia al suo. Mi ritrovo, simile a lei, in certe fotografie dove aveva la mia età: i capelli ondulati, il viso leggermente scavato, gli occhi segnati. Anch'io, come lei, sono straniera[35].

Inoltre, non solo di tempo circolare bisogna parlare rispetto a questo romanzo, ma, in un certo senso, di un testo circolare *tout court*. Difatti l'opera, che si apre col capitolo «Punti, sottopunti» e con Clara che cuce, si chiude con sua figlia che riconosce gli enormi insegnamenti ricevuti dalla madre, con cui, per tutta la vita, ha avuto una relazione contrastata:

> Da mia madre ho ereditato la pazienza di allineare i punti gli uni dietro gli altri. Centinaia, migliaia di punti. Ogni giorno, alla stessa ora, mi ritrovo alla scrivania con la stessa regolarità con cui lei siede alla macchina da cucire. In fondo, la scrittura è un lavoro di sartoria. [...] Ciò che lei fa con le pezze di stoffa, io lo faccio con le pagine scritte. Sono incapace di buttarle via: ammucchio i manoscritti negli armadi, ben ordinati, archiviati. Li lascio nelle case dove abito, come stratificazioni diverse della mia esistenza. E là, li dimentico[36].

La memoria è una sorta di liquido che riempie gli spazi vuoti, per cui anche la dimenticanza con cui si chiude il romanzo non è altro che un'occupazione inconsapevole di luoghi e tempi differenti. Ciò che sottende la scrittura de *La doppia radice* è

---

[35] Ivi, p. 204.
[36] Ivi, p. 206.

Un lessico famigliare sardo/toscano

il sentimento predominante della nostalgia, finanche in forme cupe, miste a un profondo male di vivere e al bisogno di rifugiarsi nel passato per paura di andare avanti, con una vera ossessione per i dettagli che va di pari passo con una forte tendenza all'inventario. Tutto è ricordo: una cicatrice rotonda sulla caviglia, le ricette che la madre le insegna, l'elenco dei libri presenti in salotto o i fascicoli dell'enciclopedia universale, collezionati dal padre con un lavoro da formica, seguendo «un'ambizione di universalità costruita giorno per giorno». Proprio questa ambizione di universalità costituisce, secondo noi, il fine della narrazione: tracciare un ritratto minuzioso della sua famiglia e della comunità, non solo perché le memorie non si disperdano, ma anche perché le protagoniste non si perdano. In fin dei conti, come la narratrice ammette con grande lucidità, «gli altri possono andarsene, morire. Le parole, quelle si possono portare sempre con sé»[37].

---

[37] Ivi, p. 157.

GIOVANNA CHIARANDINI'S *DIARIO* (1955-59): WORLD WAR I EXPERIENCES AND MARITAL WOES

Olga Zorzi Pugliese

The recently discovered *Diario* by Giovanna Gallino Chiarandini represents the brief memoirs written in mid-twentieth century Toronto by a modest elderly Italian-Canadian woman who had emigrated to Canada in 1932 from the region of Friuli[1]. A prominent figure among the *friulani* of the city in her day, she was a founding member of the Società Femminile Friulana in 1938, vice-president of its executive committee for a time, and a leading organizer of many of its activities, including the festivities for Carnival such as masquer-

---

[1] The text is transcribed and analyzed in the following article written in Italian: ZORZI PUGLIESE, «Le memorie di una friulana in Canada: il Diario di Giovanna Gallino Chiarandini», with *Una postilla sulla lingua* by R. Pellegrini, pp. 131-145, «Metodi & Ricerche: Rivista di studi friulani», 28.2 (2009), pp. 105-145. A brief version of this paper was delivered at the University of Toronto, Department of Italian Studies, in November 2012 on the occasion of my retirement.

Giovanna Chiarandini's Diario

ades designed to raise funds for charities[2]. Giovanna was proud of her Friulian origins and of her family heritage on her mother's side. Indeed, according to the official Flabiano family tree, preserved in the Biblioteca comunale in Udine, one ancestor, Domenico Flabiano, had been a doge of Venice in the eleventh century, and the Flabiano family had purchased property in the Friulian town of San Daniele in the fifteenth century[3]. In her own time in Toronto Giovanna was also the proud mother of the artist Umberto, known professionally as Albert Chiarandini (1915-2007), the most distinguished of Italian-Canadian painters

---

[2] Information on her is found in ZORZI PUGLIESE, «Le memorie», pp. 108-109. For her activities in the Società Femminile Friulana, see GROHOVAZ (Ed.), *La nostra storia. Our Story*, Toronto, Società Femminile Friulana, 1988, pp. 37, 61; see also PRINCIPE – ZORZI PUGLIESE, *Rekindling Faded Memories: The Founding of the Famee Furlane of Toronto and Its First Years*, Toronto, Famee Furlane of Toronto, 1996, pp. 31, 130, 150.

[3] The original manuscript of the Flabiano family tree, located in Udine, Biblioteca Civica, Fondo genealogico del Torso, covers the period from 1375 to the end of the nineteenth century. It was prepared in 1928-29 by Count Enrico del Torso (1876-1955), the genealogist who prepared entries on Northeastern Italian families for SPRETI, *Enciclopedia storico-nobiliare italiana*, Bologna, Arnaldo Forni, 1928. Although only men, and no women, are included in the Flabiano tree, it has been possible to trace Giovanna's place in it as the daughter of Maria Genoeffa (actually Josepha Maria, born in 1866), whose father was Pietro di Giuseppe Flabiano.

to date, who was establishing himself as a sought-after portrait painter and, in addition to being hired for some time as an instructor in portraiture at the Ontario College of Art, also taught art privately and in night classes at a Toronto high school[4] [Fig 1].

It was at this time in the mid-1950s, more than two decades after arriving in Canada, that Giovanna composed her memoirs – in two stages, that is, in 1955 and 1959, according to the dates recorded in her text[5] [Fig 2]. This accomplishment is

---

[4] On the life and works of artist Chiarandini, see DE LUCA (Ed.), *Passion Meets Paintbrush: Albert Chiarandini (Udine 1915 - Toronto 2007)*, Udine, Forum Editrice Universitaria Udinese, 2015. The volume includes essays written by Anna Pia De Luca, Ewa Chwojko-Srawley, and myself, also in collaboration with Guido Pugliese. See as well my previous (in some cases collaborative) works: ZORZI PUGLIESE, *Personalities, Landscapes, and Politics of Central Canada in the Paintings of Albert Chiarandini (Udine 1915-Toronto 2007) OSA, FIIAL*, in DE LUCA (Ed.), *Investigating Canadian Identities: 10th Anniversary Contributions*, Udine, Forum Editrice, 2010, pp. 143-166; ZORZI PUGLIESE et al., *Uncompromising Gaze: The Art of Albert Chiarandini O.S.A., F.I.I.A.L.*, «Quaderni d'Italianistica», 33.1 (2012), pp. 9-35; and ZORZI PUGLIESE, *Classifying Albert (Umberto) Chiarandini (Udine 1915 - Toronto 2007): An Italian Canadian, Canadian or International Artist?* in De Gasperi et al. (Eds.), *Writing Cultural Difference: Italian-Canadian Creative and Critical Works*, Toronto, Guernica Editions, 2015, pp. 138-146.

[5] Following the suggestion of Dr. Sergio Di Benedetto, the original manuscript, previously owned by the family, has

Giovanna Chiarandini's Diario

quite extraordinary. With little more than two years of formal education in rural Friuli, and after having spent many years in English-speaking Canada, at the age of 61, she set about writing in Italian, as best she could, what she calls the diary or summary («diario» or «riassunto») of her life[6]. On one side of 42 unnumbered sheets of an ordinary writing pad, in a clear hand that represents what must be a fair copy of any draft she might have prepared, she gives an account of her early life, from her birth in San Daniele del Friuli in 1894 to her husband's departure for Canada in 1923.

To summarize, she speaks of the extremely poor conditions of her family during her childhood at the beginning of the twentieth century, which she describes as times of poverty and hardship («tempi di miseria e sacrifici»)[7]. Taken out of school shortly after beginning the third grade, although a mere child herself, often barefoot and undernourished, she was sent to work first as a nanny. Then as an overworked maid in private homes with non-Friulian families in various

---

been deposited in the Archivio Diaristico Nazionale in Pieve Santo Stefano (AR).

[6] These words appear on the first two sheets of the manuscript of Giovanna Gallino Chiarandini, *Diario*. Folio numbers have been added for convenience. Folios 1 and 2 correspond to p. 114 of the published version. The folio numbers that have been assigned and the corresponding published page references are given in subsequent notes for all quotations from the text.

[7] *Diario*, fol. 3, p. 114.

towns, she was granted a mere three hours of freedom weekly on Sundays. In the silk factory she was subjected to hard prison-like labour («lavori da condan[n]ati»[8]), and fared only slightly better as a waitress in a coffee shop run by an aunt who had returned from Germany. After falling in love, on a feastday in 1912, with Umberto Chiarandini, a soldier from Paderno near Udine, stationed then in Bologna, Giovanna subsequently left her last place of work, in order to appease her jealous boyfriend[9]. Finding over time that he was becoming more difficult –a change or exacerbation of temperament that she attributes in part to his military experience but also to his innate defects– she nevertheless was persuaded *not* to break off their engagement. After marrying the following year, the couple moved in with his family on the outskirts of Udine. Their marriage was followed one month later by the death of her

---

[8] Ibid., fol. 7, p. 116.

[9] On Umberto Chiarandini senior (Paderno [now part of Udine] 1889 – Toronto 1971), see ZORZI PUGLIESE, *Le memorie*, pp. 110-111, for information on his military service as *bersagliere* and then in the 265th medical unit (Reparto Sanità) of the 14th regiment of the Alpini. He worked in the hospital in Udine both before and after the first world war. In Toronto he was known as Berto di Udin, a prestigious denomination indicating him, though not quite accurately, as a city-dweller, since Paderno was actually a rural area at the time. However, he was also called in *friulano* «Berto da li feminis» (Berto dalle donne) because of his reputation as a womanizer.

kind mother-in-law, who on her deathbed regretted having to leave Giovanna with her domineering father-in-law. In fact, alone in the house with him, while her husband Umberto was at work with the medical division of the army, Giovanna was subjected to sexual harassment and –unfailingly resistant– was even threatened with violence at the hands of her father-in law. Barely had she and Umberto escaped after five months of terror, moving out and setting up their own humble home with practically no resources since all his earnings had regularly been handed over to his father, when World War I broke out and Umberto was pressed into active military duty. With her two small boys, the first Giuseppe (Bepi) born in hospital just hours before her husband was called up, and the second (Umberto junior, also known as Berto or in the diminutive form Bertut) –the future artist named after his father– born at home with practically no assistance during a terrible storm in the midst of the war, she ended up in a refugee camp in Calabria for more than one and one-half years. Even after the end of the four-year Italian military campaign against the Austro-Hungarian Empire and her return to Udine where her husband was now back working in the hospital, life with him remained tormented, especially because of his philandering.

The story as outlined is clearly eventful in itself. However, it is the animated manner in which it is recorded in the *Diario* that is quite remarkable. In spite of some uncertainties in expressing herself in Italian, since *friulano* would have been the language she normally spoke at home –and the irregular features of her written Italian have been analyzed carefully by the linguist Rienzo Pellegrini–, Giovanna devised various narrative strategies that enabled her to produce an engrossing tale. Her whole life (that is, the first half of it, the part spent in Italy that she writes about) was viewed by her as a «via crucis». She repeats this phrase several times in her memoirs[10], in connection with some of the principal episodes constituting her journey to Calvary. In the infernal conditions of the silk factory in Sdraussina near Sagrado (GO), moisture from what she calls the «stima» (an Anglicized term based on the English word *steam* for *vapore* in Italian[11]) soaked the young female workers during the day, and insects in the millions kept the eleven young women crammed into three cots company at night. The day of her marriage to Berto on 8 November 1913 was marked by evil omens. On their way up the hill to the *duomo* in

---

[10] *Diario*, fols. 13, 25 and 27; pp. 119, 123, 124.

[11] Ibid., fol. 7, p. 116. Similarly, the Anglicism *fattoria* (fol. 5, p. 115) is used instead of *fabbrica*, to indicate the first textile factory she entered, where the young female workers were grossly underpaid. Given her very limited number of years of formal schooling, her work as a domestic with non-Friulian families from the Veneto and Emilia regions may account for some knowledge of standard Italian, irregular as it is, that her writing does display.

Giovanna Chiarandini's Diario

San Daniele[12], they encountered a funeral procession that was coming down from the church, and at the moment of pronouncing their vows at the altar, the best man fainted. About this fateful day she writes as follows: «che giornata triste per tutti; Specie nel mio cuore sentivo un certo chè di funerale, non felicità; forse sentivo già il mio brutto avvenire»[13] (what a sad day for everyone; especially in my heart I had a funereal feeling, not happiness; perhaps I already felt what my terrible future was to be). The wedding festivities at the Gallino family home were the simplest imaginable, only to be followed by a transfer to the frightful Chiarandini household. «[I]n quella casa era l'inferno» (it was hell in that house), she writes, and during «questo martirio» (this martyrdom) she experienced «fame, spaventi e ing[i]urie» (hunger, fear and insults)[14].

The climax of Giovanna's tale is reached perhaps with the more epic-like war episode as she and her two boys fled with other refugees from the advancing German and Austrian soldiers. In spite of some errors in dating, this personal tale of a young mother of humble origins but strong character, is told against, and interwoven with the backdrop of a monumental event from WWI,

---

[12] The Duomo di San Michele Arcangelo is a white church that stands out prominently at the top of the hill facing visitors as they enter the town of San Daniele.

[13] *Diario*, fol. 13, p. 119.

[14] Ibid., fols. 16, 17, p. 120.

namely, the Italian retreat from Caporetto in October 1917 and the arrival of invading troops[15]. As they fled through Friuli and the Veneto, practically the whole way on foot, she enumerates one by one the towns crossed, thus stressing the crushing fatigue endured. Having finally reached Chioggia (Venice) after two long weeks, a train took them on board to transport them south. Her detailed description of the twenty months spent in the refugee camp in Calabria is extremely negative. Rossano Calabro, she claims, is the worst town in Italy («il peggio paese dell'Italia»[16]), and not merely because of the physical conditions of the camp. The refugees were held in contempt and scorned («si era odiati»), and the locals would discipline their children by warning them that, if they misbehaved, the «profughi» (refugees) would eat them[17]. It is worthy of note that the demonized Others in this part of her story are not foreigners from outside the country but actually Italians from another region of Italy. An earthquake hit the area in Calabria and the Spanish flu broke out too. And yet

---

[15] See LEICHT, *A History of* Friuli, trans. De Luca – Taylor, Udine, Ente Friuli nel Mondo, 1988, pp. 170-174, for a succinct account of the event and its impact on the people of Friuli. A more detailed study of the tragic rout is found in DEL BIANCO, *La Guerra e il Friuli*, 2nd edition, vol. 3 (*Caporetto*), Udine, Del Bianco, 2001. The retreat at Caporetto serves as the backdrop for Ernest Hemingway's famous novel, *A Farewell to Arms*.

[16] *Diario*, fol. 34, p. 126.

[17] Ibid., fol. 32, p. 126.

Giovanna Chiarandini's Diario

they survived: «per fortuna neanche il diavolo ci à voluti»[18] (fortunately not even the devil would have us), she observes.

Despite the harrowing hardships that she and her two young sons suffered, in narrating these various episodes, Giovanna inserts some irony and even humour. When in the early years food was very scarce, she writes, no one ever suffered from indigestion («non si sofriva mai digestione»[19], that is, more correctly, *in*digestione). During the first phase of the flight from Friuli, when the bridge over the river Tagliamento was blown up, the group of displaced persons she was with stopped to rest for the night outdoors, where they decided to boil the four live chickens they had brought with them. But before the chickens were cooked, an alarm sounded announcing that the enemy soldiers were near: «si salvi chi può» (everyone run). She and the others could already hear the gunfire («si sentivano le fucilate»[20]); they pulled the chickens from the pot, preparing to take them along as they resumed their flight the next morning. This scene is described with rapid-fire phrases, depicting the great fright experienced: pull the chickens out of the boiling water, put them in the sack, gather together at the crack of dawn, start walking («tira fuori le galline dell'acqua bollente, metterle nel sacco, riunirsi tutti al primo chiarore, mettersi

---

[18] Ibid., fol. 34, p. 126.
[19] Ibid., fols. 3-4, p. 112.
[20] Ibid., 26, p. 123.

in cammino»[21]). If visualized, the actions involving the chickens might seem comical, were the situation not so tragic.

But Giovanna's calvary did not involve physical hardship alone. The severe mental anguish experienced as a result of her husband's infidelities was equally devastating. She denounces his behaviour and speaks disparagingly of the other women whose attentions he won, namely, the «porca» (filthy woman) or «bestia»[22] (bitch) who had returned from Egypt and upset Giovanna's household. Subsequently there was an unmarried redhead, and then another woman who had been abandoned by her husband. Interestingly, the narrative breaks off on the last page in mid-sentence with a suspense-filled reference to the preparations for her husband's departure for Canada in 1923 and the rumours that had reached her to the effect that, once settled in Canada, he would be sending not for her, his wife, but for another woman he had taken up with. Having interrupted the narration, she does *not* go on to tell us anything whatsoever about her own eventual Canadian experience, nothing about her personal or social life or brief work experience in a Toronto leather factory. In actual fact, it should be pointed out, nine years after her husband's emigration to Canada, she and her two by then teen-aged sons joined Umberto senior in Toronto in 1932. Al-

---

[21] Ibid., fols. 25-26, p. 123.
[22] Ibid., fol. 39, p. 128.

though it is not explained in the text, it is believed that Umberto senior wanted his family to join him in Canada, so that his sons could be spared military service in Italy.

Truncated as it is, the *Diario* merits further close analysis. Giovanna was known by family and friends to possess a keen sense of humour and to be a wonderfully effective raconteur; her granddaughter Joan Chiarandini Tadier, even before finding the diary among her artist-father's papers, had heard her grandmother recount all these episodes during the many summer months she spent with her. A thick album of photos that Giovanna had arranged chronologically covering her life in Italy –and Canada– served as the guide for the storytelling. Why, we might ask, did Giovanna decide to write the *Diario*? And why so long after the fact? We may surmise that the second trip she took to Italy in 1950 to sell the home that Umberto had had built for his young family in Chiavris on the outskirts of Udine in the mid- 1920s had brought back all the old memories. Or, as has been suggested[23], her experience as an enemy alien in Canada during World War II may have reminded her of her earlier experiences. In any case there is no doubt that she wanted her story to be recorded, and she possessed the gift of storytelling that made it possible for her to set it down on paper. It is noteworthy too that her artist son, who eventu-

---

[23] I wish to thank Prof. Stefano Luconi (Università di Genova) for his insightful comments.

ally had the diary in his possession, did not destroy it, as he might have done, clearly wishing it to be preserved. While mere conjectures are possible as to *why* she set about writing, the text reveals quite clearly *how* she composed her memoirs.

The narrator of the *Diario* writes in the first person, and generally presents the events in linear chronological fashion. In one instance of prolepsis she anticipates the later-to-occur arrival in Calabria but then returns to the first part of the story at hand about the refugees' flight, remarking: «Rittorno al nostro [*sic*] via crucis»[24] (I resume our road to calvary). The writer often addresses the audience, using the second-person plural pronoun *voi*, as she attempts to arouse the sympathy of the readers or listeners, and invites them to share her experiences and her emotional reactions with such phrases as «potete immaginare»[25], «immaginatevi»[26] (just imagine), «Ora vi lascio giudicare a voi!»[27] (now I'll let you judge), in the expectation that the reader will agree with her condemnation of her husband's errant ways. At times the dialogue among the characters is incorporated in a kind of free indirect discourse but, at certain points in the narrative, direct discourse is inserted (albeit in irregular fashion) that reveals the live voices. In one dramatic scene her future in-laws

---

[24] *Diario*, fol. 27, p. 124.
[25] Ibid., fol. 15, p. 120.
[26] Ibid., fol. 35, p. 127.
[27] Ibid., fol. 19, p. 121.

plead with her not to break off her engagement with their son who, they claimed, would otherwise die: «piangendo, e pregandomi di far la pace con suo figlio, che da tre giorni che non lavora, non mangia –non dorme– ti prego; non farmelo morire!»[28] (crying and begging me to make up with their son, who for three days has not worked, not eaten, not slept. I beg you; don't let him die on us). In another particularly poignant scene the protagonist/narrator describes, with more instances of repetition, her incredulous husband Berto's shock when, finally overcoming her reticence, she reveals to him the untoward advances and even threats she had been receiving from his father: «È impos[s]ibile mio padre! Sì, sono le pure verità, è la vera verità»[29] (It's not possible. My father! Yes, it's the honest truth, the absolute truth).

Among the writerly techniques adopted in the *Diario* the reader cannot expect to find erudite literary or philosophical references. But Giovanna Chiarandini did echo what would have been part of her early upbringing and religious indoctrination, namely the Christian concept of suffering. Repeating the Latin phrase *via crucis* commonly used in its figurative sense[30], she finds an expres-

---

[28] Ibid., fol. 11, p. 119.
[29] Ibid., fols. 16-17, p. 120.
[30] BATTAGLIA, *Grande dizionario della lingua italiana*, vol. 21, Torino, UTET, 2002, p. 839 explains the figurative meaning of *via crucis* as follows: «Tribolazione, esperienza o serie di esperienze molto tormentate» (tribulations or tormented

sive vehicle that enables her to elevate the tale about a humble character to a level of more universal significance. The reference to the hill leading up to the church on her wedding day, in addition to corresponding to the actual topography of the town of San Daniele, also acquires quasi-Biblical connotations as she approaches her personal calvary. With the way-of-the-cross image, Giovanna devised a most effective analogy to describe her experience – one that the nineteenth-century novelist Giovanni Verga himself had used to describe the woe-filled lives of young women. Although it is highly unlikely that she would have been familiar with these literary precedents, it is useful to consider two short stories by Verga: *Primavera*, in which a young woman is abandoned by her boyfriend who leaves for America and, before separating, the couple review «tutta la triste *via crucis* dei loro cari e mesti ricordi»[31] (the entire sad *via crucis* of their cherished mournful memories) and the story actually titled *Via crucis*, which features a young female protagonist who, abandoned by one man after another, ends up on the street, and whose *via crucis* is quite literally the

---

experiences), and cites examples of its occurrence in narrative works by Verga and Silone. Those by Verga are most pertinent.

[31] VERGA, *Primavera*, in *Le novelle* (a cura di G. Tellini), vol. 1, Roma-Salerno, 1980, p. 17.

Giovanna Chiarandini's Diario

path of her streetwalking from one place to another in the city of Milan[32].

Finally, the abrupt ending and lack of a definitive conclusion in Giovanna's *Diario* also lend a certain expressiveness to the memoirs. It's with the first mention of Canada that the text suddenly ends and, as already observed, this occurs literally in mid-sentence[33]. Does she lift her pen definitively recalling perhaps her ambivalent sentiments at that pivotal time in her life at her husband's departure for Canada, finding herself at a crossroads, not knowing which direction her path in life might take? Or, after her own departure from Italy and arrival at her new home in Canada, we might ask, did Giovanna, like other Italian immigrants of the post-World War I era, find more that was positive rather than negative in the new world? Did the difficulties that likely continued in her personal life become more tolerable in the new context, and, therefore, did she feel less compelled to write them down? Interestingly, when she had resumed writing in 1959, and composed the last

---

[32] This Christological image applied to the female experience as used by Chiarandini is comparable to a drawing that appeared together with a newspaper article on the little progress women have made in their uphill battle for equality. The traditional symbol for woman is rotated so that it becomes a cross slanted across a woman's shoulders. See illustration by artist Barry Maguire/Newsart that accompanies MCQUAIG, *Women's Progress More Myth Than Reality*, «Toronto Star», 23 October 2012, p. A 19.

[33] *Diario*, fol. 42, p. 129.

section of her *Diario*, that is, the part dealing with the post-war period and her personal marital tribulations, Giovanna thanked the Lord that she and her family had survived and had lived to tell it all: «Ringrazio Dio e il padre etterno – che finora siamo tutti salvi e sani a contarsela»[34] (I thank God and the eternal father that so far we are all safe and sound and able to tell the stories). This interjection may be just a formulaic one and, in spite of the reference to God and the eternal father, does not necessarily indicate a strong religious conviction or faith, but what it does demonstrate is that she was not content just *to reminisce* with her family members but was thankful for being able to actually «contare» or *retell* the stories. With this verb she spontaneously reveals her clear if unusual narrative vocation.

Years later, in his own diaries[35], her artist son Albert wrote an entry for 7 September 1980, in which he mentions the loneliness that his widowed mother felt during her last nine years spent at Villa Colombo, a home for the aged in Toronto that caters to the Italian community. And he

---

[34] Ibid., fol. 37, p. 127.

[35] Since Albert began to keep his own diaries in the late 1950s, at the time when Giovanna was writing her memoirs, one wonders whether she might have inspired him, given the close bond that existed between mother and son. However, rather than composing a continuous text, Albert merely set down brief entries concerning his artistic and personal activities for each day. While his true medium was visual art, Giovanna's was definitely narrative prose.

quotes her words spoken in her native *friulano*, with which she stresses the great love she had always had for her family, and her sad reflection that «dopo al tochie lasà dut (ce brut mont)», in Italian «poi bisogna lasciare tutto. Che brutto mondo!» (and then one has to leave everything. What a terrible world). Giovanna, her husband, and two sons are gone from this world. But just as her son Albert (Umberto Junior) has left an artistic legacy of several thousand paintings (portraits, landscapes, and narrative compositions representing Canadian and Italian figures, scenes, and events), Giovanna has bequeathed a slim but eloquent document showing how one modest Italian-Canadian woman found an effective voice to articulate her memory of the feminine experience during a momentous time in the history of Friuli and Italy – an experience that on the personal and social level can still resonate with us today in the Mediterranean world and beyond.

Illustrations

Figure 1. Albert Chiarandini, Portrait of his mother Giovanna. 1945. Private collection, Canada.

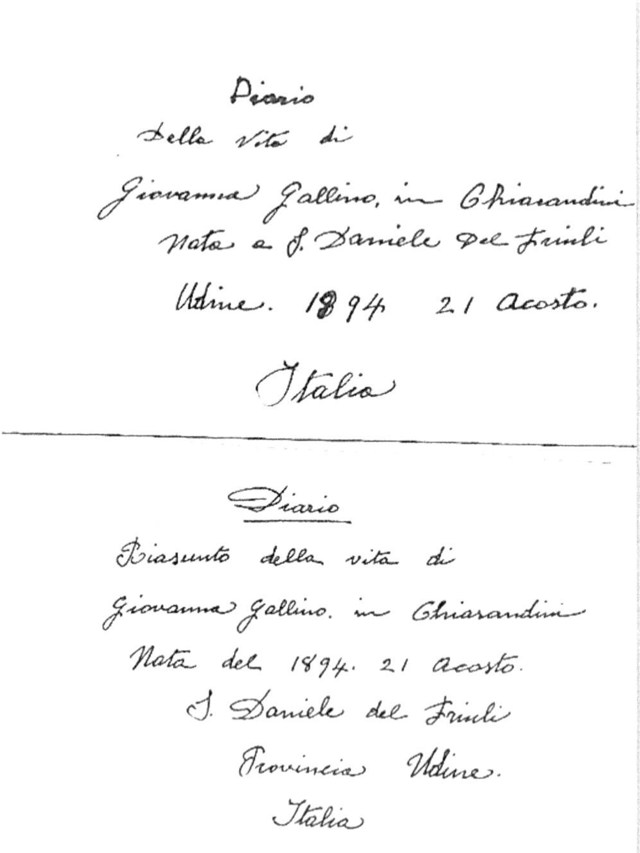

> Diario
> della vita di
> Giovanna Gallino, in Chiarandini
> nata a S. Daniele del Friuli
> Udine. 1894 21 acosto.
> Italia

> Diario
> Riasunto della vita di
> Giovanna Gallino. in Chiarandini
> Nata del 1894. 21 acosto.
> S. Daniele del Friuli
> Provincia Udine.
> Italia

Figure 2. Title pages of Giovanna Gallino Chiarandini, *Diario*.

CROCEVIA DI MEMORIE. SCRITTRICI MIGRANTI, NARRATIVE POSTCOLONIALI E MEMORIA PUBBLICA*

Sonia Floriani

> *L'Italia mi piace, è vero. Ma gli italiani. [...]*
> *Mezzi africani anche loro, mezzi africani*
> *come noi, si danno tante arie. Ci trattano*
> *così, spazzatura che pretende.*
> (C. Ali Farah, *Madre piccola*, 2007, p. 81)

Le espressioni-chiave del sottotitolo segnano i confini di questo capitolo il cui intento è, appunto, quello di elaborare e avanzare un'ipotesi sul contributo che le *memorie del passato* e le *memorie per il futuro*, veicolate nella letteratura postcoloniale femminile in lingua italiana, possono dare alla costruzione di una *memoria pubblica condivisa* sul passato coloniale e sulla contemporaneità post- o neo-coloniale[1].

---

* *Per mia figlia, giovanissima donna del Mediterraneo e del mondo.*
[1] Questa oscillazione fra *post-* e *neo*-coloniale nella connotazione della contemporaneità deve intendersi come un richiamo alla temporalità ambigua espressa dal termine: infatti, il termine postcoloniale, per via del prefisso *post-*,

Crocevia di memorie

1. Narrative migranti postcoloniali e sociologia: proposta di un incontro

Le scrittrici migranti su cui concentro l'attenzione sono accomunate dalla presenza nelle loro biografie sia di un'ex colonia africana sia dell'Italia ex colonizzatrice[2], e sebbene di diversa origine –italiana, africana o mista– sono inscrivibili nella prospettiva della letteratura postcoloniale in lingua italiana, che si è affermata da circa tre decenni.

L'espressione "letteratura postcoloniale" è assunta nell'accezione ampia che, indifferente alla provenienza culturale e geografica dell'autore o

---

rinvia immediatamente a un *dopo* che suggerisce una conclusione, un superamento, rischiando però di opacizzare la perpetuazione del coloniale nell'esperienza postcoloniale che si profila in molti casi come esperienza neocoloniale. A riguardo, rinvio ad AHMED, *Strange Encounters. Embodied Others in Postcoloniality*, Routledge, London-New York, 2000. Nel prosieguo del capitolo sarà privilegiato il termine postcoloniale sottintendendo l'oscillazione e l'ambiguità di cui si è appena detto. Per le stesse ragioni, il prefisso *ex-* davanti ai termini colonia e colonizzatore dovrebbe perlopiù essere messo fra parentesi.

[2] Il dominio coloniale italiano in Africa ha riguardato l'Etiopia, l'Eritrea, la Somalia e la Libia, a partire dall'ultimo decennio dell'Ottocento e non protraendosi in nessun caso dopo i primi anni Quaranta. Più precisamente, sono state le sconfitte militari subite fra il 1941 e il 1943 per mano britannica a determinare la perdita delle colonie, sebbene l'Italia vi abbia formalmente rinunciato solo nel 1947 e abbia intrattenuto rapporti di tipo coloniale con i suoi possedimenti nei successivi tre decenni.

dell'autrice, definisce una prospettiva *eccentrica* rispetto a quella *eurocentrica* dell'ex colonizzatore sia sul passato coloniale sia sui suoi lasciti nel presente postcoloniale.

La concezione di letteratura postcoloniale privilegiata è definita cioè «in riferimento a quei testi, redatti in una delle lingue degli ex colonizzatori europei, il cui punto di vista prevalente è quello degli ex colonizzati»[3], una letteratura non solo cronologicamente successiva alla fine del colonialismo, bensì anche contrapposta, più o meno dichiaratamente, «alla "storia" e alla "letteratura" divulgate dagli ex colonizzatori»[4], una letteratura che, intrecciando storia, autobiografia e fiction, è costruita in modo *contrappuntistico* rispetto alle narrazioni eurocentriche *dominanti*. In questa prospettiva letteraria, dunque, si intendono ridefinire «i rapporti di forza tra chi descriveva e chi veniva descritto»[5] al fine di far arretrare lo sguardo

---

[3] D'Haen, *Memoria culturale e studi postcoloniali*, in Agazzi – Fortunati (a cura di), *Memoria e saperi. Percorsi transdisciplinari*, Roma, Meltemi, 2007, pp. 625-638: 625. Privilegio questa definizione perché sembra riecheggiare una preoccupazione a far emergere la pluralità storico-linguistica delle letterature postcoloniali e a salvaguardarla dal rischio di «un discorso egemonico dominato dalla lingua inglese». Cfr. Ponzanesi, *La 'svolta' postcoloniale negli Studi italiani. Prospettive europee*, in Lombardi-Diop – Romeo (a cura di), *L'Italia postcoloniale*, Firenze, Le Monnier, 2014, pp. 46-60: 51.

[4] D'Haen, *Memoria culturale*, cit., p. 626.

[5] Aime, *Cultura*, Torino, Bollati Boringhieri, 2013, p. 27.

dell'ex colonizzatore abituato a descrivere e a definire l'altro e di far avanzare lo sguardo dell'ex colonizzato abituato a essere definito e descritto, a essere succube o, al più, spettatore, aspirando invece a essere protagonista dotato di voce propria.

Nella letteratura postcoloniale in lingua italiana è prevalente, in termini sia numerici sia artistici, la componente femminile. La scrittura postcoloniale delle donne riflette la doppia marginalità –di genere e di migrante ex-colonizzata– di cui sono portatrici e che è rafforzativa della loro subordinazione. Approcciando questa scrittura, come è ricorrente nella riflessione sulla letteratura postcoloniale, si privilegia allora «l'angolazione di chi è stato escluso dalla storia ufficiale»[6], l'ottica di un «sapere assoggettato» che, tuttavia, sfida, interroga e vuole resistere al dominio neocoloniale dell'ex colonizzatore[7].

Le narrative postcoloniali di autrici migranti sono adottate come fonte dell'analisi sociologica[8],

---

[6] D'Haen, *Memoria culturale*, cit., p. 632.

[7] Curti, *Scritture di confine*, in Pezzarossa – Rossini (a cura di), *Leggere il testo e il mondo. Vent'anni di scritture della migrazione in Italia*, Bologna, CLUEB, 2011, pp. 33-51: 41.

[8] Sull'adozione della fonte letteraria in sociologia non vi è una convergenza ampia e pacificata: le posizioni a sfavore, peraltro molto nette, sono prevalenti, sebbene siano solide anche le motivazioni di chi è a favore. Non vi è lo spazio in questo paragrafo per discutere l'assunto che condivido sulla proficuità della "contaminazione" fra letteratura e sociologia, tuttavia senza negare le differenze fra l'una e l'altra prospettiva e senza sottovalutare i rischi epistemo-

nel senso che mi misurerò con il compito di proporne una lettura e un'interpretazione mediate dalle categorie sociologiche[9] al fine di provare a dare risposta alla domanda sul ruolo che esse possono giocare nel favorire la riemersione e la rielaborazione delle *memorie coloniali rimosse* e nella costruzione di una *memoria postcoloniale condivisa*.

Delle nostre memorie coloniali dico in termini di rimozione perché questo passato non è stato tematizzato e integrato nelle memorie individuali e nella memoria pubblica, e di esso non ci si è assunta la responsabilità storica. Per ragioni diverse e contraddittorie, che variano dalla temporalità breve e dalla limitata espansione geografica della dominazione coloniale italiana alla sua corrispondenza con il regime fascista – altro grande rimosso dalla coscienza nazionale; dalla mancanza sia di una fase di decolonizzazione sia di un'immediata e

---

logici e metodologici insiti nella scelta. Per una "mappa" articolata e aggiornata sui possibili tipi di incontro fra letteratura e sociologia mi limito a rinviare a PARINI, *Tra sociologia e letteratura. Per una mappa di una o più storie di incontri*, «Rassegna Italiana di Sociologia», LIX.1 (2018), pp. 93-122.

[9] Per questa "circolarità" fra la lettura delle narrative letterarie mediata da categorie e ipotesi sociologiche e l'elaborazione di definizioni e analisi sociologiche mediata da trame e personaggi letterari riconosco il debito verso il saggio di BERGER, *Robert Musil and the Salvage of the Self*, «Partisan Review», 51.4 (1984), pp. 638-650.

consistente migrazione dalle colonie alla retorica della "missione civilizzatrice" con cui è stata veicolata e mistificata un'impresa di dominio, sopruso e sfruttamento. Come ha commentato Ponzanesi:

> Lo slogan reiterato di 'Italiani Brava Gente' e l'immagine collettiva di un imperialismo straccione più che aggressivo e strategico hanno contribuito per oltre mezzo secolo non solo alla rimozione degli eventi coloniali ma anche alla loro distorsione[10].

Quale ne sia stato il motivo effettivo, in Italia la storia coloniale non è stata trasmessa alle nuove generazioni né in famiglia né a scuola, e non vi è stata una sua significativa rielaborazione nelle narrazioni letterarie, teatrali e cinematografiche; sono stati sì prodotti tardivamente alcuni studi rilevanti, in particolare in ambito storiografico[11], e qualche accenno nel dibattito pubblico e politico non è mancato del tutto; però, studi e dibattiti sono stati episodici, non hanno avuto adeguata risonanza in sede di elaborazione pubblica e non sono riusciti a raggiungere la coscienza collettiva e

---

[10] PONZANESI, *Il postcolonialismo italiano. Figlie dell'impero e letteratura meticcia*, «Quaderni del '900», IV (2004), pp. 25-34: 27.

[11] Rinvio, fra le altre, all'imponente opera pionieristica di DEL BOCA, *Gli italiani in Africa Orientale*, 4 voll., Roma-Bari, Laterza, 1976-1984.

quelle individuali[12]. Il vuoto, o quasi. «Come se nulla fosse stato»[13].

Al pari di tutte le narrative, i racconti e i romanzi postcoloniali in lingua italiana tengono insieme e combinano variamente tratti sia di "fabulazione" sia di "testimonianza". Nella fabulazione si «tende alla sostituzione o all'arricchimento della realtà effettuale con la fantasia» aprendo così «mondi possibili»; la testimonianza è invece la narrazione che «tende a rendere conto di ciò che accade per ciò che di unico e stringente possiede, e a farne consapevoli i soggetti implicati»[14]. Per quanto la dimensione dell'immaginazione creativa risalti chiaramente dalle narrative in oggetto, è quella della testimonianza dell'esperienza vissuta a prevalere.

Pertanto, l'assunto condiviso è che le autrici postcoloniali vogliano farsi *testimoni* del passato coloniale rompendo il silenzio imposto dal «mastodontico processo d'oblio»[15] che l'Italia ha costruito intorno a questo passato, elaborando e conservandone la memoria, trasmettendone l'insegnamento, riconciliandosi in quanto "vittime" con

---

[12] Cfr. JEDLOWSKI – SIEBERT, *Memoria coloniale e razzismo*, in MAMMONE et al. (a cura di), *Un paese normale? Saggi sull'Italia contemporanea*, Milano, Dalai, 2011, pp. 231-251.

[13] SCEGO, *La mia casa è dove sono*, Milano, Rizzoli, 2010, p. 18.

[14] JEDLOWSKI, *Storie comuni. La narrazione nella vita quotidiana*, Milano, Bruno Mondadori, 2000, p. 39.

[15] COMBERIATI, *La quarta sponda. Scrittrici in viaggio dall'Africa coloniale all'Italia di oggi*, Roma, Caravan, 2011, p. 37.

quel passato, e pretendendo dal "carnefice" un riconoscimento e, possibilmente, una riparazione. Un assunto che converge sull'idea di una «letteratura dell'impegno», che si attribuisce esplicitamente una «responsabilità anche politica»[16].

D'altronde, è nella ricezione delle narrative postcoloniali soprattutto come testimonianze impegnate che risiede la possibilità di adottarle come fonte dell'analisi sociologica. In assenza o per la scarsa disponibilità di altre fonti, queste testimonianze letterarie lasciano una "traccia" pressoché singolare «sul sentiero della memoria»[17] coloniale, nonché per l'osservazione e l'analisi delle migrazioni contemporanee che del passato coloniale sono lascito.

2. Trame (letterarie) di memoria

I romanzi, di cui propongo un'interpretazione sociologica, si inscrivono nel filone somalo della letteratura postcoloniale in lingua italiana. Si tratta più precisamente dei volumi: *Madre piccola* di Cristina Ali Farah, nata in Italia da padre somalo e madre italiana, trasferitasi nella prima infanzia in Somalia da dove l'inizio della guerra civile[18] la co-

---

[16] BENVENUTI, *Letteratura della migrazione, letteratura postcoloniale, letteratura italiana. Problemi di definizione*, in PEZZAROSSA – ROSSINI (a cura di), *Leggere il testo e il mondo*, cit., pp. 247-260: 257.

[17] CURTI, *Scritture di confine*, cit., p. 47.

[18] Il 1991 è l'anno di inizio di una guerra che, scoppiata per abbattere la ventennale dittatura di Siad Barre, si tra-

stringe, ventenne, a rientrare in Europa; *La mia casa è dove sono* di Igiaba Scego, nata in Italia da genitori somali arrivati come rifugiati politici quando nel loro paese si impone la dittatura di Siad Barre[19], e cresciuta prevalentemente a Roma nonostante alcune parentesi di vita somala nel corso dell'infanzia e della prima adolescenza; *Timira. Romanzo meticcio* di Wu Ming 2 e Antar Mohamed, che ricostruisce la biografia di Isabella, nata a Mogadiscio da una donna somala e un militare italiano durante gli anni della colonizzazione, cresciuta a Roma nella famiglia del padre e trasferitasi trentenne in Somalia, da cui rientra in Italia allo scoppio della guerra civile.

Alla mia lettura sociologica risalta che le trame narrative dei tre romanzi sono fittamente intessute di memorie sia personali sia familiari e comunitarie, attraverso cui le autrici provano a filtrare la memoria collettiva somala e a farsene *intenzionalmente* testimoni. Attraverso le loro pratiche di scrittura, cioè, queste autrici esprimono "intenzioni di memoria" che «sono forme della volontà di un gruppo di ricordare qualcosa e di continuare a farlo»[20], ma anche di far ricordare ad altri, inten-

---

sforma in un infinito e sanguinoso conflitto fratricida, fra clan che si contendono il potere.

[19] Nel 1969 Siad Barre pone fine, con un colpo di stato militare, alla breve stagione somala di indipendenza e democrazia, durata appena un decennio.

[20] JEDLOWSKI, *Intenzioni di memoria. Sfera pubblica e memoria autocritica*, Milano-Udine, Mimesis, 2016, p. 11.

Crocevia di memorie

zioni di segno opposto a quelle di chi vuole incentivare l'oblio, il proprio e quello altrui.

In queste narrative vengono ricostruite e veicolate innanzitutto le memorie relative al dominio coloniale italiano in Somalia e, per estensione, negli altri paesi africani che lo hanno subito.

Della dominazione coloniale Scego mette esplicitamente in rilievo il tratto violento scrivendo che il colonizzatore italiano ha «fatto subire l'inferno a somali, eritrei, libici ed etiopi. [...] stuprato, ucciso, sbeffeggiato, inquinato, depredato, umiliato i popoli»[21]. A differenza di romanzi precedenti, nel volume del 2010 l'autrice sceglie di rendere l'essenza violenta del dominio coloniale narrando di pratiche quotidiane minute e quasi invisibili, le quali non aggrediscono, oltraggiano o feriscono il corpo, ma sanno deprivare e umiliare lo spirito, soffocare il pensiero, violare l'identità.

In *Timira* la narrazione di Isabella, relativa alla sua infanzia e alla sua adolescenza a Roma negli anni della colonizzazione fascista in Africa, si fa ricostruzione della memoria del razzismo coloniale per come esperito nella madrepatria. La sua figura scura –«forse l'unica italiana con la pelle scura che si aggirasse per la Città Eterna»[22]– è razzizzata, da bambina, dentro e fuori casa, con l'aggravante, nel corso dell'adolescenza, del sessismo nutrito

---

[21] Scego, *La mia casa è dove sono*, cit., p. 17.
[22] Wu Ming 2 – Mohamed, *Timira. Romanzo meticcio*, Torino, Einaudi, 2012, p. 132.

dall'immaginario sulle «veneri africane pronte a soddisfare le voglie dell'uomo bianco»[23].

Nel romanzo di Ali Farah i riferimenti alla fase storica della colonizzazione sono incisi apparentemente senza peso. L'intento dell'autrice è di narrare eventi successivi alla dominazione fascista ed è perseguito attraverso una narrazione polifonica in cui si intrecciano tre voci –quella dell'italo-somala Domenica-Axad e le voci della cugina Barni e del marito Taageere, entrambi somali– ognuna delle quali si fa, in qualche modo e in qualche misura, voce della comunità somala, soprattutto della comunità disseminata nel mondo dalla diaspora originata dalla presa del potere da parte di Siad Barre e drammaticamente incrementata dalla violenza distruttrice della guerra civile in cui si è trasformata la rivolta per la destituzione del dittatore.

Della diaspora somala Scego narra l'esperienza italiana nei termini di un'esperienza neocoloniale in continuità con quella coloniale, soprattutto come continuità fra le pratiche razziste di allora e di ora. In effetti, razzismo e colonialismo sono fenomeni intimamente legati: il progetto coloniale di dominazione si è fondato su tassonomie razzizzanti, su cui si sono fondati, a loro volta, discriminazioni, violenze e stermini[24]; e lo sguardo

---

[23] Ivi, p. 235.
[24] Cfr. SIEBERT, *Il lascito del colonialismo e la relazione con l'altro*, in GRANDE – PARINI (a cura di), *Sociologia. Problemi, teorie, intrecci storici*, Roma, Carocci, 2014, pp. 291-305.

razzista che si posava sul somalo colonizzato è lo stesso che oggi si posa sul somalo profugo. Il razzismo contemporaneo è narrato, cioè, come speculare al razzismo coloniale perché questo non è stato ripensato criticamente e rifiutato consapevolmente, per cui è mancata una chiara presa di distanza da lasciare in eredità alle generazioni successive. D'altronde, l'unica via per evitare i ricorsi è quella di apprendere, conservare e trasmettere le lezioni della storia; ma in Italia –come si è già scritto– vige una «pressoché assoluta ignoranza di cosa fu il nostro colonialismo»[25].

L'attenzione che l'autrice rivolge al razzismo italiano di oggi restituisce in particolare le sue *pratiche quotidiane*. L'espressione assumo che debba definire le pratiche discorsive e di condotta sedimentate nel senso comune e, perciò, date per scontate e "naturalizzate", attraverso le quali la relazione con l'*altro* si configura, nelle situazioni ordinarie e ricorrenti della vita quotidiana, come una relazione la cui cifra è la tendenza ovvia a discriminare, a inferiorizzare, a escludere. Se la condivisione di un senso comune è la condivisione del "piglio" con cui ciò che si pensa, quel che si sa e come si agisce nel mondo sono dati per scontati, altrettanto lo sono le pratiche razziste che in esso sono incorporate, e ciò rende difficile ripensare e tematizzare la relazione con l'altro in termini diversi. Almeno fino a quando nuovi incontri e nuove esperienze non indurranno a mettere in di-

---

[25] JEDLOWSKI, *Intenzioni di memoria*, cit., p. 39.

scussione forme del pensiero e pratiche consuetudinarie, a favore di convincimenti e atteggiamenti *alternativi*[26].

Nel testo di Ali Farah la diaspora somala è narrata in modo più esteso, nelle sue molteplici traiettorie intra- ed extra-europee, e nei suoi tanti luoghi nel mondo che fanno da contraltare a un paese che sta geograficamente scomparendo. Questa narrazione può essere letta come una testimonianza del presente della Somalia diasporica e in guerra al fine di sottrarlo all'invisibilità cui lo hanno ridotto le dinamiche narrative e la disattenzione dell'Occidente, e al fine di contribuire a costruire una sua memoria per il futuro.

Delle narrative postcoloniali femminili suggerisco di cogliere, in primo luogo, il carattere di *testimonianza* resa alla comunità somala, all'Italia ex colonizzatrice e, per estensione, all'Occidente, sempre "disattento", chiedendo implicitamente che si assuma *ora* le proprie responsabilità storiche, ora che è *ancora* possibile intervenire e cambiare i destini[27]; e, in secondo luogo, di leggerle sia

---

[26] Sulla prospettiva di Alfred Schutz, che è sottesa all'idea di pratiche quotidiane di razzismo, mi permetto di rinviare a FLORIANI, *La vita quotidiana*, in GRANDE – PARINI (a cura di), *Studiare la società. Questioni, concetti, teorie*, Roma, Carocci, 2007, pp. 215-235.

[27] Sulla narrazione e sul suo riconoscimento da parte del destinatario come "dispositivi" di memoria rinvio a SCIOLLA, *Memoria, identità e discorso pubblico*, in RAMPAZI – TOTA (a cura di), *Il linguaggio del passato. Memoria collettiva,*

Crocevia di memorie

come *testimonianze del passato* al fine di *costruire memoria*, sia come *testimonianze del presente* al fine di «porre la memoria *al servizio del futuro*»[28], costruendo una sorta di circolarità fra eventi del passato, percezioni del presente e rappresentazioni per il futuro. In queste narrative, cioè, rintraccio un intento, più o meno esplicitato, di sottrarre il passato coloniale e il presente postcoloniale alla rimozione, così da contribuire a contrastare l'inconsapevolezza di oggi e a costruire una memoria futura più responsabile e inclusiva.

Alla disattenzione e all'invisibilità le narrative-testimonianze di Ali Farah e di Scego intendono sottrarre anche i vissuti concreti e i luoghi quotidiani dei migranti somali, troppo spesso ignorati o strumentalizzati nelle narrazioni dominanti, e troppo spesso al bivio fra le proprie irriducibili soggettività e la violenza simbolica –e non solo– del potere che tenta di negarle e di rigettarle.

Queste narrative postcoloniali femminili intendono inoltre testimoniare –"qui e ora" e a futura memoria– le tragedie in cui troppo spesso si concludono le migrazioni dal sud al nord del mondo, nella disattenzione o, meglio, nell'attenzione a fasi alterne e non generalizzata di media, governi e società occidentali. Per cui concluderei con la domanda che in *Madre piccola* (si) pone Barni:

---

mass media e discorso pubblico, Roma, Carocci, 2005, pp. 19-30.
[28] D'HAEN, *Memoria culturale*, cit., p. 636 (corsivo mio).

> Storia circolare di povera gente mossa dal desiderio. Desiderio così totale da strappare radici, da sfidare cicloni. Sa? Morire disidratati, annaspare, non è cosa da poco. [...] E sento nelle braccia il peso di quei corpi inghiottiti dal mare bianco. Quei corpi senza vita [...] Di tanto dolore ci si può saturare?[29]

3. Trauma culturale e memoria pubblica: per un'ipotesi sociologica sulla letteratura postcoloniale

La mia lettura sociologica delle narrative postcoloniali ha rilevato una fitta trama di memorie biografiche e somale –memorie del passato e memorie per il futuro– che stridono con l'"immemoria" e la disattenzione dell'ex colonizzatore, e che sembrano volere interrogare e decostruire sia l'una sia l'altra. Una delle questioni, che mi pare sociologicamente rilevante porre, attiene ai modi in cui queste narrative possano contribuire a costituire un "trauma culturale" intorno al passato coloniale italiano e a costruire una "memoria pubblica" condivisa su questo passato e sul presente postcoloniale.

Il concetto di trauma culturale è stato elaborato da Jeffrey C. Alexander con riferimento all'Olocausto e definisce un evento non traumatico di per sé, bensì collettivamente identificato come traumatico. Più precisamente, il concetto de-

---

[29] ALI FARAH, *Madre piccola*, Milano, Frassinelli, 2007, pp. 15, 53.

finisce una rappresentazione, a opera di un gruppo sociale rilevante e influente, di un evento del passato come traumatico per la vita di una comunità e per i suoi presupposti culturali fondamentali, di un evento che ha segnato indelebilmente la coscienza, la memoria e l'identità collettive[30].

Perché si dia un trauma culturale è necessaria

> l'esistenza di gruppi sociali che abbiano il potere e la volontà di farsi carico della memoria degli eventi in questione, promuoverne la rilevanza, definire i danni che gli eventi hanno provocato, identificare le vittime, attribuire le responsabilità[31].

Ai fini della costituzione del passato coloniale italiano e delle sue conseguenze postcoloniali come trauma culturale, ritengo perciò che sia cruciale individuare chi potrebbe agire, nell'Italia contemporanea, come "gruppo portatore" –la denominazione è di Weber ed è ripresa da Alexander– del trauma.

Potrebbero essere le scrittrici che con le loro narrative stanno rappresentando e rendendo testimonianza del passato coloniale rimosso e del presente postcoloniale "invisibilizzato", provando

---

[30] Cfr. ALEXANDER, *Toward a Theory of Cultural Trauma*, in ALEXANDER et al., *Cultural Trauma and Collective Identity*, Berkeley, University of California Press, 2004, pp. 1-30.

[31] JEDLOWSKI – SIEBERT, *Memoria coloniale e razzismo*, cit., p. 236.

a dare forma a una memoria non ancora elaborata?

Di per sé, temo che sarebbero un gruppo debole. Perché, trattandosi di scrittrici migranti e di "nicchia", le loro voci, le loro narrazioni, la loro versione della storia e le loro testimonianze del presente potrebbero non raggiungere i destinatari, gli ex colonizzatori, o, comunque, incontrarne l'indisponibilità ad accoglierle, a farsene carico, a interrogare tramite di esse la propria versione dei fatti, a metterla in discussione, ad assumersi le proprie responsabilità, facendo posto finalmente a un'*altra* memoria e a un'*altra* consapevolezza, e inaugurando così una prospettiva presente e futura *diversa*. Una debolezza rafforzata, peraltro, dal clima razzista e neocoloniale in cui si agisce e dall'assenza di mediatori "rilevanti e influenti" fra la letteratura postcoloniale e la società italiana.

Sull'identificazione e costruzione del trauma culturale, Siebert ha scritto che si tratta di un processo coincidente «con la formazione della memoria pubblica di quel trauma»[32]. Nella concettualizzazione di Paolo Jedlowski, la memoria pubblica

> consiste in un insieme di immagini del passato[33] pubblicamente discusse. Differente dalla memoria collettiva, che è propriamente la memoria di un gruppo, essa è un luogo di confronto fra le memorie collettive che vivono in seno a una so-

---

[32] Siebert, *Il lascito del colonialismo*, cit., p. 296.
[33] Coerentemente con la mia analisi, suggerirei di aggiungere: "immagini del presente per il futuro".

cietà: lo spazio in cui queste dialogano proponendo, e provando anche a imporre, certi criteri di plausibilità e rilevanza relativi al passato, ma esponendosi anche alla critica che altre memorie possono esercitare. Le memorie individuali ne sono influenzate: l'esistenza di discorsi collettivi riguardo a certi passati offre a ciascuno strumenti per riconoscere i propri stessi vissuti; la loro assenza, al contrario, spinge anche i singoli al silenzio o all'oblio. [...] La memoria pubblica non è uno spazio omogeneo: vi sono memorie individuali e collettive differenti, spesso in conflitto[34].

Ai fini della mia ipotesi, in questa definizione sono rilevanti quella pluralità e quella varietà di memorie individuali e collettive che, coesistendo, non possono evitare di esporsi alla critica reciproca o di entrare in conflitto, o anche di essere censurate, manipolate, rimosse. La legittimazione delle rappresentazioni del passato non è, difatti, un processo sempre pacifico: può essere inclusivo e democratico, ma anche tendere a escludere certe memorie a vantaggio di altre oppure a costruire l'egemonia di alcune memorie sulle altre.

La questione può allora essere riformulata in termini di possibilità che le memorie, rielaborate e veicolate dalle narrative migranti postcoloniali, vengano integrate nella memoria pubblica e riescano a contrastare o sovvertire l'egemonia imposta dalle rimozioni e dalle mistificazioni dell'ex colonizzatore, e a contribuire "alla pari" alla costru-

---

[34] JEDLOWSKI, *Intenzioni di memoria*, cit., pp. 16, 55.

zione di una memoria pubblica condivisa in materia di coloniale storico e postcoloniale italiani.

La debolezza intrinseca della nicchia di autrici postcoloniali potrebbe essere aggirata, a mio parere, se si provasse a spezzare la loro solitudine e la loro marginalità e si provasse a costruire un'"alleanza interdisciplinare" fra la letteratura e altri ambiti di sapere. Le scienze sociali, per esempio. O, più precisamente, la sociologia.

L'adozione delle narrative migranti postcoloniali in lingua italiana come fonte della sociologia, l'esposizione dei sociologi italiani a queste narrative che rielaborano l'esperienza coloniale e rappresentano la contemporaneità postcoloniale, facendosi portavoce dei traumi dei colonizzati allora e dei migranti ora, potrebbero creare nuove sensibilità e tradursi in domande di ricerca e ipotesi di studio sulla contemporaneità italiana alla luce di un suo passato rimosso o mistificato, ampliando e amplificando così la circolazione di queste rappresentazioni da un punto di vista *eccentrico* e *decentrato*[35]. E rafforzando, di conseguenza, le probabilità di riconoscimento sociale di queste specifiche memorie, della loro costituzione in un trauma cul-

---

[35] Sebbene i testi letterari non siano stati assunti come fonte della sociologia e la scelta sia stata quella di focalizzarsi sulle "pratiche di scrittura" di donne migranti in Italia, la recente ricerca di una giovane studiosa è rispondente all'invito che rivolgo alla sociologia in questa conclusione del capitolo. Cfr. Miceli, *Un posto nel mondo. Donne migranti e pratiche di scrittura*, Cosenza, Pellegrini, 2019.

turale da riparare, e della loro inclusione in una memoria pubblica condivisa – tanto più se intorno non si creerà il vuoto, ma i cittadini si sentiranno eticamente chiamati in causa nel riconoscere le memorie *altrui* e nell'assumere le *proprie* responsabilità rispetto a esse.

RUSSIFYING *PHAEDRA*: A MYTHOLOGICAL FRAMEWORK IN MARINA TSVETAEVA'S POETIC IMAGINATION

Olga Partan

This paper is dedicated to the 1927 modernist neo-classical tragedy *Phaedra*, written by one of the leading Russian twentieth-century poets, Marina Tsvetaeva (1892-1941). After providing a brief overview of the long literary and dramatic life of the Phaedra-Hippolytus myth in world literature, this paper focuses on Tsvetaeva's Russification of the myth[1]. I argue that Tsvetaeva's *Phaedra* represents a synthesis of Greek myth with Russian folklore, and that the musicality of the verses, with protagonists that each have their distinctive

---

[1] This paper is partially based on my chapter *Marina Cvetaeva and Theater* in FORRESTER (Ed.), *A Companion to Marina Cvetaeva*, Leiden-Boston, Brill, 2016, pp. 92-129, and on PARTAN, "Русская Федра: традиции и инновации в неоклассической драматургии Марины Цветаевой" [Russian *Phaedra*: Tradition and Innovation in Marina Tsvetaeva's Neoclassical Tragedies], «Collection of Essays for XIX International Conference», Moscow, Marina Tsvetaeva Museum and Cultural Center, 2017, pp. 244-254.

rhythmical scores, echoes ancient dramatic performances in which poetic lines were sung by the actors. Tsvetaeva drastically reinterprets the framework of the ancient myth, transforming the traditional *femme-fatale* heroine into an innocent victim of her fate[2].

Across cultures and centuries, many great writers and poets have been drawn to the myth of Phaedra and Hippolytus. This tale of a Greek queen's fatal attraction to her stepson has had a long literary life in world literature, and both Phaedra and Hippolytus have their predecessors in ancient Egyptian and Jewish folklore as well as Jewish religious writing. For instance, a similar tale of forbidden desire existed in the ancient Egyptian *Tales of Two Brothers* found in the Papyrus D'Oberney dated between 1200-1194 BC[3]. This folktale is centered on a cunning and untrustworthy female who is trying to seduce her younger brother-in-law and then falsely accuses him of raping her. Jewish religious writing displays a similar tale of pious Joseph's temptation by Potiphar's wife[4]. In the Old Testament, Joseph, who is blessed by God for his faith and righteousness, is a slave in

---

[2] For the English translation of Tsvetaeva's tragedies see MARTIROSOVA TORLONE and STADTER FOX (Introduction, Translation and Notes), *Soul and Passion: Marina Tsvetaeva's Classical Plays*, Oxford, OH, Staroe Vino, 2012.

[3] See THOMSON, *One Hundred Favorite Folktales*, Bloomington, Indiana University Press, 1968.

[4] Genesis 39:8.

the household of Potiphar, an official in Pharaoh's court. As in the Egyptian tale, the deeds of an evil, lustful female, known as Potiphar's wife, completely destroy Joseph's position in this house.

Like her literary predecessors, throughout the centuries the literary reputation of Phaedra has been that of a sinful *femme-fatale* who falsely accused her chaste and righteous stepson of rape and insult after he rejects her love. This combination of incestuous desire, false accusations, and a tragic fate has been inseparable from this Mediterranean woman's identity. Such authors as Ovid, Euripides, Seneca, Apuleius, Racine, Gabriele D'Annunzio and Eugene O'Neil were also drawn to the Phaedra-Hippolytus myth.

Various interpretations of this myth contain an intriguing twist in gender roles in which a woman is usurping a traditionally male role in the seduction of virginity. Furthermore, in Euripides' tragedy *Hippolytus*, Phaedra is presented in yet another traditional male role—as a wise woman philosopher, questioning the limited repertoires of roles that women were destined to play in Athenian society[5]. Overall, the framework of this myth has remained analogous across all the versions: we see a love triangle involving a married woman, a chaste, handsome young man with a very high set of moral values, and an older husband who usually

---

[5] EURIPIDES, *Hippolytus*, in GREENE and LATTIMORE (Eds.), *Euripides*, Vol. 1, Chicago, University of Chicago Press, 1955, pp. 157-221.

appears at the finale as a judge. This love triangle has no reciprocated love, except in Eugene O'Neil's 1924 American version of the myth, *Desire Under the Elms*, wherein the heroine Abbie has a passionate, yet tragic love affair with Eben, her stepson, giving birth to their child[6]. A reasonable question may be asked: were all these stories related to each other? While the opinions of scholars differ, it is impossible to deny the strong influence of Near Eastern folktales and legends on Greek mythology. W. R. Halliday writes in his *Indo-European Folktales and Legends*: «The surest guide, however, is not identity of single details but identity of pattern [...] real identity of plot cannot in fact be otherwise explained than by supposing that the story was invented once only and in some particular place from which it subsequently spread»[7].

* * *

Marina Tsvetaeva first used the Phaedra-Hippolytus mythological framework in the genre of poetry, dedicating two of her 1923 poems to the Greek Queen. The impossible union of two equal lovers was a dominant leitmotif in Tsvetaeva's oeuvre, and in the two poetic monologues entitled *A*

---

[6] In *Desire Under the Elms*, Eugene O'Neill adds the sinister features of Medea to his heroine's character. In a state of despair and afraid of losing her lover, Abbie kills their infant. See O'NEILL, *Desire Under the Elms* in *Three Plays*, New York, Vintage Book, 1959, pp. 1-64.

[7] HALLIDAY, *Indo-European Folktales and Legends*, London, Cambridge University Press, 1933, p. 20.

Complaint [Жалоба] and *An Epistle* [Послание], Phaedra addresses her stepson with passion and despair, understanding the impossibility of their union, yet hoping for the consummation of her passion:

> Ипполит! Ипполит! Болит!
> Опаляет... В жару ланиты...
> Что за ужас жестокий скрыт
> В этом имени Ипполита!
> Точно длительная волна
> О гранитное побережье
> Ипполитом опалена!
> Ипполитом клянусь и брежу!
> ....
> Ипполит! Ипполит! Пить!
> Сын и пасынок? Со-общник!
> Это лава – взамен плит
> Под ступнею! – Олимп возропщет?

> Hippolytus! Hippolytus! It hurts!
> It singes... My cheeks are feverish...
> What cruel horror is hidden
> In the name of Hippolytus!
> Like a lingering wave
> Beating against a granite shore.
> Singed by Hippolytus, I burn for him!
> ....
> Hippolytus! Hippolytus! Let me drink!
> A son and a stepson? An Accomplice!
> This is lava – instead of slabs

Russifying Phaedra

> Beneath the foot! – will Olympus grumble?[8]

Tsvetaeva wrote the poetic tragedy *Phaedra* while an émigré in Prague and Paris, where she and her family lived after the Russian revolution of 1917. Exploring Greek tragedy, she decided to write a dramatic trilogy under the title "Aphrodite's Fury", centered on the heroic deeds and personal misfortunes of the Greek hero Theseus. The plays in this trilogy would have the names of three women whom Theseus loved: Ariadne, Phaedra and Helen. Over time, Tsvetaeva replaced the trilogy's tentative title, naming the project just *Theseus,* but the original plan never came to fruition and only the two first parts of the trilogy, *Ariadne* and *Phaedra,* were completed.

Right after its publication in 1928 in the Parisian Russian-language journal *Sovremennye Zapiski*, the Russian *Phaedra* was harshly criticized by Russian émigré critics for precisely what marks its distinctive originality: the musicality of the text and the reflection of the protagonists' emotions and feelings through an eclectic mixture of poetic styles: «Xodasevich wrote of an "inexcusable and tasteless confusion of style", Adamovich wrote that, "Fedra is howled and screamed rather than written", and Vladimir Vedle complained of a "total absence of feelings for words as responsible

---

[8] TSVETAEVA, *After Russia*, trans. M. Naydan and S. Yastremski, Ann Arbor, Ardis, 1992, pp. 90-91.

and meaningful logos"»[9]. When the play was finally published in Russia in 1988 (sixty years after it was written), the poet Pavel Antokolskij, who was Tsvetaeva's close friend, wrote in his introduction to the volume, that «there are no particular discoveries or summits in Fedra»[10]. Thomas Venclova views Phaedra as «chaotic and anarchic»[11]. In 2012, Zara Martirosova Torlone and Maria Stadter Fox, who translated *Ariadne* and *Phaedra* into English, noted: «The plays need to be read, not performed, because they represent for Tsvetaeva first and foremost a form of literature that must remain static for the reader and faithful to its literary sources and thus resists the interpretation inherent in any stage performance»[12].

Dzhamilia Kumukova fairly suggests that such a misconception lies deeply in generic differences between literature and drama, and that the nature of literary criticism drastically differs from theatre criticism, pointing out that the Tsvetaeva studies focus mostly on the biographical, literary or poetic aspects, while the body of her dramatic work also

---

[9] KARLINSKY, *Marina Cvetaeva: Her life and Art*, Berkeley, University of California Press, 1966, p. 264.

[10] Антокольский *Театр Марины Цветаевой* Марина Цветаева *Театр* [ANTOKOLSKIJ, *Teatr Mariny Tsvetaevoj* in TSVETAEVA, *Teatr*, Moscow, Iskusstvo, 1988, pp. 5-22: 20.

[11] VENCLOVA, *On Russian Mythological Tragedy: Vjaceslav Ivanov and Marina Cvetaeva*, in KODJAK et al. (Eds.), in *Myth in Literature*, Columbus, Slavica Publisher, 1985, pp. 89-109: 104.

[12] MARTIROSOVA TORLONE – STADTER FOX, p. xxxi.

requires the special attention of performing arts and theatre specialists[13]. It is a challenging yet fascinating task to go against such an avalanche of critical opinions and to reevaluate the critical canon on Tsvetaeva's tragedies, suggesting that they were written to be performed, that they are dramatically superb, the characters are fully developed and complex, and the conflict on stage was written not by a dilettante in the world of theater, but by a distinguished poetic dramatist.

Tsvetaeva's main sources were Euripides' tragedy *Hippolytus* and the adaptation of Gustav Schwab, a popular German paraphraser of Greek mythology. Similar to Euripides' tragedy, the dramatic conflict within the play is centered on the ideological opposition between chastity and passionate love, and the plot of the tragedy relies on Greek myth. Traditionally, the plot of the myth depicts a chaste Hippolytus who worships two females: the virgin goddess of hunters, Artemis, and his dead mother, the fearless Amazon Hippolyta (Theseus' former lover). In turn, Phaedra worships Aphrodite, but her whole family is cursed by Aphrodite to experience uncontrollable passion. Hippolytus rejects Phaedra's love and in despair she falsely accuses him of raping her and then commits suicide. Theseus, the brave warrior and eter-

---

[13] Кумукова, Театр М. И. Цветаевой или «Тысяча первое объяснение в любви Казанове» [KUMUKOVA, *Teatr M. I. Tsvetaevoj ili* «Tysiacha pervoe obiasnenie v liubvi Kazanove»], Moskva, Sovpadenie, 2007, p. 4.

nal adventurer, returns home, hears the news, never questions Phaedra's accusations, and asks Poseidon for revenge. Hippolytus is killed by his own horses, which are startled by enormous waves sent by Poseidon.

In her work, Tsvetaeva is particularly interested in Aphrodite's curse and the role of Fate in Theseus' life. She significantly modified the mythological framework by intentionally omitting all the false accusations on Phaedra's part, which were omnipresent in all previous versions of the myth. In her notes, Tsvetaeva writes: «To present Phaedra, not Medea, as beyond crime, to present a young woman who is madly in love, deeply understandable»[14]. The Nurse's part is crucial for the tragedy as a whole and in the nurse's monologues and dialogues with Phaedra she is both the temptress and the protector. The Gods are not present on stage per se, but they affect most of the actions and motivations of the protagonists and determine their fates. Tsvetaeva closely follows the Aristotelian concepts of tragedy and observes the unity of time, the emphasis on the tragic flaw of the heroine, and the feelings of pity and fear – the two required conditions of tragic catharsis. Using a chorus, she closely follows the rule of having only three protagonists on stage at the same time. Tsvetaeva is also trying to emphasize reliance on actors' voices and impeccable diction to be able to master her verses; she goes even further, experi-

---

[14] TSVETAEVA, *Teatr*, p. 377.

menting with the musicality of her text to recreate a real performance by "singing" a part. The Russian original of *Phaedra* is strongly reminiscent of an operatic libretto. In his "The Birth of Tragedy", Nietzsche emphasizes the role of music in Greek tragedy, suggesting that our reading of the Greeks is deeply limited because we do not have the music that was used in performances. It is as if we are just reading the libretto of an opera Nietzsche suggests. Tsvetaeva was fluent in German and read Nietzsche in the original while working on her tragedies[15]. In *Phaedra*, she creates a musical score with verbal virtuosity, rhythmical vistas, poetic enjambments, staccato and legato, and a heavy reliance on Russian archaisms and folklorisms. The words, if intoned by a powerful human voice, become the missing music.

Let us now address several textual examples that illustrate the effect of what I would define as the musical *opero-poetic* essence of Tsvetaeva's playwriting style[16]. In the prologue of the tragedy, the chorus of Hippolytus' friends consistently uses the verb *to sing*: «We are singing celibacy; we are

---

[15] While working on her tragedy *Ariadne*, in one of her personal letter, Tsvetaeva wrote: «Friend, I have a request: could you send me Nietzsche's book *The Birth of tragedy* (in German)». See Letter to Bakhrakh, 29 September 1923, in Цветаева. *Письма 1905-1923* [Tsvetaeva, *Pis'ma 1905-1923*], Moscow, Ellis Lak, 2012, p. 698.

[16] I coined the term "opero-poetic" drama while working on my monograph, tentatively entitled *Marina Tsvetaeva's Dramatic Poetry and Poetic Drama.*

singing chaste goddess Artemis» etc. Their speech is highly elevated, as it glorifies the goddess and consists of archaic, highly stylized Russian:

> Нам в женах нужды несть!
> И днесь и в будущем!
> Восславим дружество!
> Восславим мужество!

> We have no need for wives!
> Neither now nor in the future!
> Glory to friendship!
> Glory to masculinity![17]

Unexpectedly, in the middle of the elevated speech, the chorus starts singing a Russian folk song that bursts into the text for the first time, celebrating valleys, forests and a chaste, marriageless life close to nature:

> Лес, лес – зеленец!
> Быстрая водица!
> Стрелец – не жилец:
> Жениться – прижиться!
> Ни бед, ни потех – тихое убийство
> Гордец – не отец:
> Плодиться – дробиться!

> Forest, forest – green one!
> Fast water!
> The archer – not a lodger
> To get married – to settle down!
> No misfortune, no merry time – silent murder

---

[17] Tsvetaeva, *Teatr*, p. 295. Translations of Tsvetaeva's verses are by the author unless otherwise noted.

Russifying Phaedra

> The proud one is no father
> To multiply – to divide oneself![18]

Linguistically speaking, Tsvetaeva recreates an air of Greek antiquity within the play by using Russian archaisms and Old Church Slavonic phrases when she needs an elevated, noble or emotionally restrained speech. Conversely, she uses colloquial Russian or folkloric elements when the protagonists are experiencing their emotional peaks.

While the tragedy is Phaedra-centered, Tsvetaeva makes the Nurse's part equally important. The Nurse's monologues rely heavily on a folkloric arsenal and are deeply rooted in Russian folk tales. She sings her lullabies, sends curses and bad spells to the old Theseus. She narrates to lovesick Phaedra her family history going back to Greek Antiquity in the form of a traditional Russian fairytale, saying that all Phaedra's female relatives are cursed by Aphrodite and are doomed to have incontrollable passion. Phaedra's Nurse mothers her and serves her; she protects her and tempts her, pushing her toward the declaration of love.

Phaedra's monologues represent a mixture of the elevated sophisticated speech of a Queen (with Russian archaisms and Church Slavonic expressions) with folkloric motifs. When she, convinced by the nurse, decided to face Hippolytus and declare her love to him, she suddenly starts singing a

---

[18] Ibid.

Russian lyric love duet with the nurse. Both women are ecstatic and are anticipating the future union of the two lovers:

> Федра:
> Ни весла, ни берега!
> Разом отнесло!
>
> Кормилица:
> На утесе дерево
> Высокое росло.
>
> Федра:
> Ввериться? Довериться?
>
> Кормилица:
> Лавр-орех-медаль!
> На хорошем деревце
> Повеситься не жаль!
>
> Phaedra:
> Neither oars, not shores!
> Suddenly I am carried away!
>
> Nurse:
> A tall tree grew
> On a cliff
>
> Phaedra:
> Should I trust? Should I believe?
>
> Nurse:
> Laurel-nut-almond tree!
> It is not a shame to hang yourself
> On a good tree![19]

The poetic and dramatic power of these lines comes from the ambiguity of the imagery. The im-

---

[19] Tsvetaeva, *Teatr*, pp. 318-319.

Russifying Phaedra

age of a wild river with no oar or shores reflects Phaedra's emotional state. Her destiny is now beyond her control. Like a tall tree on a cliff is how Phaedra saw Hippolytus, beyond her reach on account of his chastity and purity. This tree glorified by the women will soon become a symbol of Phaedra's death. Rejected by Hippolytus, she will hang herself from a myrtle tree.

Tsvetaeva makes a significant plot change and, unlike in Euripides' *Hippolytus*, when the Nurse tells Hippolytus about Phaedra's forbidden passion, the Russian Phaedra actually declares her love directly to her stepson. When Phaedra enters Hippolytus' lair, determined to talk to him about her feelings, she pronounces her monologue as in a dream, ignoring his indignant short exclamations when he reacts to his stepmother's romantic advances. Tsvetaeva envisioned her heroine as being in a dreamy state of oblivion, writing in her notes that: «She speaks, like in a dream, this is why she does not hear his exclamations, and she comes to her senses interrupted by his answer. Two lines: oblivion and coming to her senses»[20].

In Phaedra's tender and passionate monologue, the maternal feelings are interwoven with passionate desire: one moment she reveals her erotic desire, inviting her stepson to consummate their love, while the next moment she suddenly suggests that the two lovers should die together to

---

[20] Ibid., p. 378.

be reunited in the otherworldly reality with no family ties or sinful love:

> О другом, о беспробудном
> Сне – уж постлано, где леч нам –
> Грежу, не ночном, но вечно,
> Нескончаемом, – пусть плачут! –
> Где ни пасынков, ни мачех,
> Ни грехов живущих в детях,
> Ни мужей седых, ни третьих
> Жен...
>
> I am dreaming about another sleep
> A sleep without awakening.
> It is already spread for us to lie down
> An eternal dream – let them cry!
>
> Where there are no stepsons or stepmothers,
> No sins living in children
> No gray-haired husband, no third,
> Wives...[21]

Finishing her *aria*-like monologue and wishing to be reunited by death on a bed of eternity, Phaedra begs Hippolytus to immediately satisfy her burning desire at least once, and to keep it secret:

> Лишь раз один! Ждав – обуглилась!
> Пока руки! Пока губы есть-!
> Будет – молчано! Будет – глядено!
> Слово! Слово одно лишь!
>
> Only once! While waiting – I am burned!

---
[21] Ibid., pp. 326-327.

> While we have hands! While we have lips!
> Be-silent! Be- watched!
> A word! Just one word![22]

Hippolytus' answer is a short deadly shout. He says just one word: «Гадина» [*gadina*, vile creature] and after this word Phaedra is no more.[23] The dramatic conflict of this scene lies in the fact that during her long, lyrical monologue, she fails to notice Hippolytus' horror and disgust produced by her declaration of love. Therefore, her tender and passionate speech is abruptly interrupted by Hippolytus' indignation. It is important to emphasize the abundance of exclamation marks in Phaedra's monologue that contrasts with a short three-syllable sentence –sounding sharp and cruel in Russian: «Ga-di-na». This rejection is firm, decisive and unemotional, with a period at the end. The dramatic development of the subsequent events is marked by the complete absence of a verbal reaction from Phaedra; her complete silence creates a striking contrast to her previous melodic verbosity. This deafening silence symbolizes her departure from life – the silence of death. Her life ends before she hangs herself from a myrtle tree, with the sudden realization of the fact that Hippolytus hates her.

After Phaedra's silent departure from life, the Nurse's role becomes central for the tragic de-

---

[22] Ibid., p. 327.
[23] Ibid.

nouement of the play. After Phaedra commits suicide by hanging herself, the Nurse performs a traditional Russian lament over the dead body of her mistress, the Queen of Athens. In contrast with her mistress' silence, the Nurse is weeping loudly next to the corpse hanging on a myrtle tree. Following the structure of the traditional Russian lament, it includes a detailed description of the surrounding landscape and then concentrates on the past life of the deceased. The Nurse's monologue is characterized by the use of sharp rhythmical changes, curses, tongue-twisters, and folk elements that partially are lost in translation. In her desperation, blaming herself for the tragedy, the Nurse swears to take revenge, trying to save Phaedra's good reputation, while simultaneously destroying Hippolytus' life. Here, as in a traditional Russian fairytale, Theseus is called «Tsar» and the contrasting white and black colors are symbolic of the nurse's intention to manipulate the facts, erasing the clear distinction between the truth and false accusation:

> Нежба не далась
> Хоть славу спасти!
> Куст миртовый, скрой!
> Ни пню, ни шмелю.
> Того чернотой
> Тебя обелю.
> Кем встарь была – той
> И будешь царю.
> Твоей чернотой
> Того очерню.
>
> Tenderness did not succeed

> The fame has to be saved!
> Myrtle bush, hide!
> Not to a stump,
> No to a Bumble-bee.
> By his blackness
> I will whiten you.
> What you were in the old times
> You will still remain for the Tsar
> By your blackness, I will blacken him[24].

Here Tsvetaeva drastically modifies the mythological framework, since her Russian Phaedra never falsely accuses Hippolytus of insulting or raping her. Instead, the Nurse takes her revenge and lies to Theseus to save her mistress' good reputation.

* * *

The opero-poetic essence of the Russian Phaedra displays Tsvetaeva's dramatic sensibility that relied on interconnectedness between poetry, performance and music. Tsvetaeva was exposed to the performing arts through her mother, who was a professional pianist and envisioned a musical career for her daughter. Music, the first art form to which Tsvetaeva was exposed, had a powerful impact on her dramatic compositions, poetry, and prose: «My poor mother, how upset was she with me, and how she never learned that my lack of mu-

---

[24] Ibid., p. 328.

sicality was simply a different type of music!»[25]. Throughout her poetic career, in her private letters and diaries, she emphasized the importance of rhythmical patterns, sounds and musicality for her poetics. As a theatergoer and then a playwright, she highly valued the actor's voice as the main acting tool on stage. The legendary French actress Sarah Bernhardt was an object of Tsvetaeva's idolatry. A real theater connoisseur, she saw Bernhardt on stage numerous times and admired her magical voice and the way she sang the last syllable of her poetic lines. Tsvetaeva was not a fan of any realism and naturalism on stage, could not stand Anton Chekhov's plays, and instead adored the neo-romantic plays of Edmond Rostand.

In 1919, she expressed the artistic necessity to explore dramatic composition, writing: «I started to write plays –it came as inevitability– the voice simply outgrew the poems, too much air in the chest for the flute»[26]. The flute as we know served as an accompaniment to the ancient actors singing their poetic lines. A word for Tsvetaeva is always a sound, and actors' voices were musical instruments and the quintessential attribute of stage presence. Indeed, Tsvetaeva's plays were affected by the theatricality of her époque – the flourishing

---

[25] TSVETAEVA, *Mat' i muzyka* [*"Mother and music"*] in TSVETAEVA, *Sobranie sochinenii v semi tomakh*, vol. 5, Moscow, Ellis Lak, 1994, pp. 10-31: 28, translation by the author.
[26] TSVETAEVA, *Teatr*, p. 342.

Russifying Phaedra

era of Russian modernism with its fascination with synthetic art forms.

Undoubtedly, Tsvetaeva's original Russification of the Mediterranean myth should be seen as the summit of her dramatic artistry and deserves an honorable place in the gallery of dramatic interpretations of the Phaedra-Hippolytus myth. Unfortunately, Tsvetaeva did not live to see her tragedy staged[27]. By hanging her Phaedra on a myrtle tree, the poet unknowingly foreshadowed her own suicide. After her family return from France to the Stalinist Russia, Tsvetaeva's daughter and husband were arrested as the enemies of the people. On August 1941, during World War II, she was evacuated to the small city of Elabuga together with her son, Georgii. In a state of desperation, Tsvetaeva hanged herself, choosing her tragic Greek heroine's method of suicide.

---

[27] *Phaedra* was first produced in Russia in 1988 by a famous theater director Roman Viktiuk in the Moscow Taganka Theater with Alla Demidova in a leading role.

WOMEN, LOVE AND MEMORY IN THE WORKS OF BALDESAR CASTIGLIONE

Giuseppe Falvo

This paper will examine the image of women as portrayed in Castiglione's minor works, focusing on the role of memory, and the themes of love and fidelity dramatized in his pastoral eclogue *Tirsi* (1506) and his *Elegia qua fingit Hyppoliten* (1519). While on one hand, these works are a clear illustration of Castiglione's broad humanist education and his familiarity with ancient texts, on the other, they are a subtle demonstration of his art of *sprezzatura*, which the author defines in *Il Libro del Cortegiano* as the art of concealing art:

> Ma avendo io già più volte pensato meco onde nasca questa grazia, lasciando quelli che dalle stelle l'hanno, trovo una regola universalissima, la qual mi par aver circa questo in tutte le cose umane che si facciano o dicano più che alcuna altra, e ciò è fuggir quanto più si po, e come un asperissimo e pericoloso scoglio, la affettazione: e, per dir forse una nova parola, usar in ogni cosa una certa *sprezzatura* che nasconda l'arte e di-

> mostri ciò che si fa e dice venir fatto senza fatica
> e quasi senza pensarvi[1].

Falling within the genre of encomiastic literature, *Tirsi* is a pastoral eclogue that Castiglione dedicated to the Duchess of Urbino, Elisabetta Gonzaga, wife of Duke Guidobaldo da Montefeltro. It was performed at the Court of Urbino in the carnival of 1506. This theatrical composition belongs to the same type of *ecloghe rappresentative* which were already popular in the Italian courts of the Quattrocento. Many of them were performed at court in pastoral disguise during banquets or on the occasion of important celebrations. Whereas some of them dealt merely with the common theme of courtly love and showed clear signs of flattery toward those who were the object of the celebration, other eclogues hinted in a covert and

---

[1] CASTIGLIONE, *Il Libro del Cortegiano* (a cura di B. Maier), Torino, UTET 1981, pp. 127-28 (I.xxvi). «But having thought many times already how this grace is acquired (leaving aside those who have it from the stars), I have found quite a universal rule which in this matter seems to me valid above all others, and in all human affairs whether in word or deed: and that is to avoid affectation in every way possible as though it were some very rough and dangerous reef; and (to pronounce a new word perhaps) to practice in all things a certain *sprezzatura* [nonchalance], so as to conceal all art and make whatever is done or said appear to be without effort and almost without any thought about it». For the all the English translation, see CASTIGLIONE, *The Book of the Courtier*, trans. Charles Singleton, New York, Doubleday, 1959, p. 43.

indirect way at real situations and real people, either in praise of blame of them[2].

What is so significant about *Tirsi* is that while it presents itself as a form of courtly entertainment, it subtly describes under the veil of figurative language Castiglione's painful transition from the Court of Mantua to that of Urbino. What bring Tirsi (Castiglione) to this new Arcadia (Urbino) is not the lack of success and personal accomplishments but the lack of recognition on the part of his master (Francesco Gonzaga), symbolically represented in the eclogue by the *ninfa crudel,* for whom the shepherd cries «la fiamma del mio cor cantai»[3].

The ingenious way in which the eclogue was devised, to provide delight and at the same time convey a certain truth could hardly have escaped the observant and intelligent mind of Elisabetta Gonzaga, who was well informed of Castiglione's troubles and tribulations. In the year 1504, Castiglione had just entered the service of the duke of Montefeltro, leaving the court of Mantua and a very disappointed master. To Francesco Gonzaga, a man of irritable temper and possessive control, Castiglione had given the best years of his life, his energy and youth, always by his side, in times of peace and in times of war. The fear and un-

---

[2] For specific examples, see CARRARA, *La poesia pastorale*, Milano, Vallardi, 1909, pp. 205-25.

[3] References to the Italian text are from CASTIGLIONE, *Il Libro del Cortegiano*, Octave 20, p. 565.

Women, Love and Memory

certainty experienced by Castiglione in his difficult and painful transition from the court of Mantua to the court of Urbino become, in the fictional narrative, part of Tirsi's burden in his new quest for service and commitment. In this ideal place, where nymphs and shepherds gather together in pleasant and enjoyable conversations, and where the shepherd's bagpipe is held in high esteem («e dove la zampogna tiene il suo vero ed onorato nido»[4]), Tirsi hopes to find new love and happiness in the service of another lady, who will respond to his songs of praise by bestowing upon him gifts of grace. This familiar setting reappears in *Il Libro del Cortegiano*, where Urbino is described in pastoral terms as a land blessed by Heaven that abounds in all the necessities of life, and where love and happiness are found:

> E nel viso di ciascuno dipinta si vedeva una gioconda ilarità, talmente che quella casa certo dir si poteva il proprio albergo dell'allegria; né mai credo che in altro loco si gustasse quanta sia la dolcezza che da una amata compagnia deriva [...] E a tutti nascea nell'animo una summa contentezza ogni volta che al cospetto della signora Duchessa ci riducevamo; e pare che questa fusse una catena che tutti in amore tenesse uniti[5].

---

[4] Octave 22, Ibid.

[5] «And on everyone's face a jocund gaiety could be seen depicted, so much so that this house could be called the very abode of joyfulness. Nor do I believe that the sweetness that is had from a beloved company was ever savored in any other place as it once was there [...] We all felt a su-

Before traveling to England, to receive the honor of the Order of the Garter from King Henry VII on behalf of Guidobaldo da Montefeltro, Castiglione had tried in vain to make peace with his former master in order to be allowed to reenter his native Mantua and visit his mother, before undertaking his journey. In a letter dated May 19, 1506, he writes:

> Havendo deliberato il signor Duca Guidubaldo mandarmi in Inghilterra, mi è parso debito far reverentia a V. Eccellentia... per fargli intendere che vado a questo viaggio suo servo e schiavo, e 'l medesmo piacendo a Dio tornerò. Voglia Iddio che V. Eccellentia una volta se dispone a volermi almeno fare intendere la causa de la disgratia mia e far paragone di me cum quelli che gli hanno persuaso ch'io non gli sia stato vero servitor, che allora io mi reputarò felicissimo[6].

In the eclogue, it seems clear that Tirsi's past points to Castiglione's previous commitment to his former master (Francesco Gonzaga), whose capri-

---

preme happiness arise within us whenever we came into the presence of the Duchess. And it seemed that this was a chain that bound us all together in love» (I.iv, p. 15-16).

[6] «My lord, Duke Guidobaldo, having decided to send me to England, it seemed to me appropriate to greet your Excellency [...] and let him know that I have undertaken this journey as his servant and slave, and such I will return. With the help of God, may your Excellency be at will to let me know at least the cause of my disgrace, judging me against those who have persuaded you that I have not been your true servant; only then will I consider myself more than satisfied» (my translation).

cious nature caused him fear and suffering. As the eclogue draws to an end, it is the shepherd Dameta who will cast out from Tirsi's mind any fear or uncertainty, reassuring him that in this new place he will find love and fidelity:

> Non ti doler ché ancor potrai contento
> pascer molt'anni il tuo felice armento.
> Tu puoi con noi sperar la pace eterna
> e de' lupi sprezzar le insidie tante,
> mercé d'un *buon pastore*, il qual governa
> i campi lieti e le contrade sante[7].

This description, in which the *buon pastore* (Guidobaldo) is praised for his benevolent nature and generosity, is reminiscent of Vespasiano da Bisticci's ideal characterization of the Montefeltro, lords of Urbino. In *Vite di uomini illustri*, praising Guidobaldo's father, Federico, for his greatness and generosity, he writes: «Era cosa incredibile, vedere il governo suo; tutti i sudditi sua istanno bene, e hagli fatti ricchi con dare loro a lavorare tante fabriche quante ha fatte»[8].

---

[7] CASTIGLIONE, *Il Libro del Cortegiano*, Octaves 49-50, p. 577. «Do not be saddened, because you will still be able to peacefully graze your sheep for many years. With us you can hope for eternal peace and despise the threat of wolves, thanks to a good shepherd who protects the gleeful meadows and blessed districts» (my translation).

[8] «The country he ruled was a wonderous sight: all of his subjects were well-to-do and waxed rich through labor at the works he had instituted». See MAI (Ed.), *Vite di Uomini Illustri*, Firenze, Barbera, Bianchi & Comp., 1859, p. 103. The English text is found in *The Vespasiano Memoirs*, trans.

This passage echoes what Castiglione writes in *Il Cortegiano*, in which he describes the great deeds of Federico da Montefeltro, who in his days was the "light of Italy" *(lume della Italia)*, and who was remembered by all for his prudence, humanity, justice, and generosity:

> Tra l'altre cose sue lodevoli, nell'aspero sito d'Urbino edificò un palazzo, secondo la opinione di molti, il più bello che in tutta Italia si ritrovi; e d'ogni oportuna cosa sì ben lo fornì, che non un palazzo, ma una città in forma de palazzo esser pareva; e non solamente di quello che ordinariamente si usa, come vasi d'argento, apparamenti di camera di ricchissimi drappi d'oro, di seta e d'altre cose simili, ma per ornamento v'aggiunse una infinità di statue antiche di marmo e di bronzo, pitture singularissime, instrumenti musici d'ogni sorte; né quivi cosa alcuna volse, se non rarissima ed eccellente[9].

William George and Emily Waters, New York, Lincoln Mac Veagh, 1926, p. 108.

[9] CASTIGLIONE, *Il Libro del Cortegiano*, pp. 84-89. «Among his other laudable deeds, he built on the rugged site of Urbino a palace thought by many the most beautiful to be found anywhere in all Italy and he furnished it so well with every suitable thing that it seemed not a palace but a city in the form of a palace; and it furnished it not only with what is customary, such as silver vases, wall hangings of the richest cloth of gold, silk, and other like things, but for ornament he added countless ancient statues of marble and bronze, rare paintings, and musical instruments of every sort; nor did he wish to have anything there that was not most rare and excellent» (I.2, pp. 13-14).

All of these riches, which as symbols of cultivation and civilization are passed on from Federico to Guidobaldo, signify the security and well-being that the courtier is seeking. In the eclogue, the pastoral *otium* for which Tirsi is longing is the happy life (*il viver lieto*) that is granted to those who are faithful to their promise of love and fidelity. This is indeed the climax of the eclogue, as we see shepherds gather together to worship the goddess in chorus:

> Poiché discesa da' celesti cori
> sei nel mondo tra noi alma beata,
> odi i divoti prieghi de' pastori
> né ti sdegnar da quelli esser lodata;
> e questo picciol dono e i nostri cuori
> insieme accetta con la mente grata;
> e se con fé serviam tue sante leggi,
> fa' che sian chiari tra gli altri i nostri greggi[10].

Whereas in *Tirsi* Castiglione celebrates the life of leisure (pastoral *otium*), promised to the courtiers who faithfully serve at the court of princes, in the *Elegia qua fingit Hyppolyten suam ad se ipsum scribenten*, he dramatizes the harsh demands of public life (*negotia*), and the challenges that it

---

[10] CASTIGLIONE, *Il Libro del Cortegiano*, Octave 52. «Since you descended from the celestial choirs, you are blessed among us in this world, hear the devout prayers of the shepherds, and do not consider unworthy their praise; and accept with gratitude this small gift along with our hearts; and if we observe with loyalty your holy laws, grant that our flocks be noteworthy among the others» (my translation).

poses to married life. As the title suggests, the poem presents itself in the form of a letter fictitiously written to Castiglione by his wife Ippolita Torelli. In this letter, she laments her husband's absence while he is in Rome, serving as ambassador for the Duke of Mantua. As the poet/courtier celebrates the virtues of his wife Ippolita, he deeply reflects on the illusory happiness brought by the public life, which offers along with the acquisition of success and fame, its unavoidable dangers and disappointments, such as the disruption of family life, the separation of spouses, and marital infidelity. To heighten the negative effects of the public life, in his poem Castiglione relies on the literary tradition of classical antiquity, focusing particularly on a theme that frequently recurred in the Roman elegy, and that is, the theme of war, as a principal cause of separation and infidelity among lovers. According to the Italian scholar Vittorio Cian, Castiglione's elegy is an imitation of a poetic fiction inspired by Propertius[11]. In the third elegy of Book IV, entitled *Haec Arethusa suo mittit mandata Lycotae*, the Roman poet tells of a love relationship between husband and wife. The letter is written by a devoted wife, whose name is Arethusa. Her letter is blotted with tears as she laments her misfortune of being married to a man who is always away on wars. For her husband, she is weaving his fourth military cloak. She

---

[11] See CIAN, *Un illustre nunzio pontificio del Rinascimento: Baldassar Castiglione*, Città del Vaticano, 1951, p. 221.

could just curse the man who invented fighting. Nonetheless, she would rather suffer for his wounds than grieve for his betrayal. And yet, when evening comes and darkness intensifies feelings of loneliness and alienation, her kiss is still for her beloved, as her lips touch a weapon that he has left behind. Her greatest hope is that he might not value too highly the glory of his conquest.

The warrior's battlefield and the glory of his conquest, which threaten the stability of his love relationship with Arethusa, dramatized in the elegy of Propertius by her marital claim to fidelity, are transformed by Castiglione into the fascinating world of Rome's busy affairs: «Te tua Roma tenet [...] unam delicias esse hominum atque deum [...] His tibi nec desunt celeberrima turba sodales: apta oculos etiam multa tenere tuos»[12]. In the fiction of the poem, Ippolita's deep concern for her husband's safety and integrity echoes a similar sense of loss and separation experienced by Propertius' heroine. Like Arethusa, Ippolita too expresses feelings of loneliness and alienation. Her life is so different from the one led by her husband who, according to some rumors, may have fallen victim to Rome's lascivious ways. Her urgent plea is that he may remember her faithfulness, and the promise of fidelity that they made to each other on

---

[12] CASTIGLIONE, *Il Libro del Cortegiano*, p. 606. «Your Rome welcomes you, true delight of men and gods [...] There, you lack neither the company of influential friends, nor many things that attract your attention» (my translation).

their wedding day. As a jealous wife, she also warns him against the seductive power of young women who accompany their thoughts with ardent desires: «Roma etiam fama est cultas habitare puellas, sed quae lascivo turpiter igno calent»[13].

Besides the story of Arethusa, in Castiglione's Elegy there are other classical sources that enrich the texture of his poem, such as the heroism of Aelia Gallia, the enduring devotion of Penelope, and the perseverance of Laodamia. The figure of Laodamia, especially, has a striking resemblance to the image of Ippolita, who anxiously awaits the return of her husband from Rome. In Ovid's *Heroides* (Letter XIII), Laodamia sadly laments the absence of his dear Protesilaus, gone to war in a remote part of the world:

> Dum tamen arma geres diverso miles in orbe,
> Quae referat vultus est mihi cera tuos;
> Illi blanditias, illi debita verba
> Dicimus, amplexus accipit illa meos.
> Crede mihi, plus est, quam quod videatur imago;
> Adde sonum cerae, Protesilaus erit.
> Hanc specto teneoque sinu pro coniuge vero,
> Et, tamquam possit verba referre, queror[14].

---

[13] Ibid., p. 610.
[14] OVIDIUS, *Epistulae*, Ehwald (Ed.), Leipzig, B. G. Teubner, 1907, vv. 151-58. «While you bear arms, a soldier in a remote world, your wax image recalls your face to me: I speak endearments to it, words that I owe to you, and it receives my embrace. Believe me, this image is more than it seems: add sound to wax, and it would be Protesilaus! I gaze at it, and hold it to my breast, in place of my true husband, and I

These classical references shed light on Castiglione's primary intention in writing the elegy, and that is, to pay tribute to his wife, who anxiously awaits his return. By reenacting the theme of fidelity, with Rome at the center of attention, Castiglione celebrates love as a powerful force, as an energy that can make human actions heroic. For Aelia Gallia, heroism consisted in her willingness to accept the worst of fortune, living with the hope that the ashes of her lover would at least be returned to her if he were killed in battle. In the case of Arethusa, heroism consisted in her toiling and spinning. Sewing clothes for her beloved were at least a comfort in her sleepless nights. In the case of Laodamia, it was embracing the wax image of Protesilaus that soothed the pain of their separation.

In all of these poems we see how memory plays a major role in evoking the presence of the loved ones through the mediation of visible objects. In Castiglione's elegy, a similar strategy is used by the poet in evoking his own presence in the eyes of his beloved through the mediation of his portrait, the one done by Raphael, which, as David Rosand remarks, «participates in the life of the family as a

---

complain to it, as if it might answer back». For English translation, see *The Poems of Propertius*, translated and edited by Ronald Musker, London, J. M. Dent & Sons Ltd., 1972, p. 47.

surrogate for the absent father»[15]. By gazing at the portrait of her husband, and remembering their happy times spent together, Ippolita is finally able to find comfort and relief from her pain and suffering:

> Sola tuos vultus referens Raphaelis imago
> picta manu curas allevat usque meas.
> Huic ego delicias facio arrideoque iocorque
> alloquor et, tanquam reddere verba queat.
> Assensu nutuque mihi saepe illa videtur
> dicere velle aliquid et tua verba loqui.
> Agnoscit balboque patrem puer ora salutat:
> hoc solor longos decipioque dies[16].

With its living presence, Raphael's portrait of Castiglione functions indeed as an intermediary between the poet and the lover. Ippolita's fear that her husband may have fallen victim of Rome's many dangers is soon replaced by the joy of having received from him written word of his faithfulness and devotion. Through the portrait, which by her

---

[15] See ROSAND, «The Portrait, the Courtier, and Death», in HANNING – ROSAND (Eds.), *Castiglione: The Ideal and the Real in Renaissance Culture*, New Haven, Yale University Press, 1983, p. 94.

[16] Ibid., pp. 608-10. «When alone, the portrait by Raphael's hands recalls your face, and relieves my cares. I caress it, laugh and joke with it, speak to it as though it were capable of speech; and almost seems to respond, to indicate a desire to say something, to open its mouth and repeat to me your words. Our child recognizes the father [in the painting] and, babbling, he greets it: thus do I deceive the long days and console myself». See Rosand's translation, ibid., p. 94.

side seems to utter the same trustworthy words, the letter bears witness to the poet's love and fidelity. Ippolita's premature death, however, four years following the celebration of her happy marriage to Castiglione (October 19, 1516), prevented her from fulfilling her promise of raising, like Propertius' Arethusa, a votive offering in honor of her husband's return and in celebration of his accomplishments.

By authoring his elegy in his wife's name, and by emphasizing the lifelong quality of Raphael's portrait, Castiglione's ultimate intent in his poem is to create, through his art of *sprezzatura,* a modest image of himself as a faithful husband, a worthy father, and a dedicated courtier. Keeping in mind the indirectness of this approach, it is not surprising Castiglione's claim in his *Libro del Cortegiano* that his *ritratto di pittura* of the Court of Urbino is a portrait done by a lowly painter (*pittor ignobile),* not comparable to the great Raphael or Michelangelo. Moreover, Castiglione's insistence that he was in England when those discussions at Urbino took place provides the disclaimer that the ideal courtier described in *Il Libro del Cortegiano* is not a mirror of himself but a collective mirror of his class:

> E benché io non v'intervenissi presenzialmente per ritrovarmi, allor che furon detti, in Inghilterra, avendogli poco appresso il mio ritorno intesi da persona che fidelmente me gli narrò, sforzerommi a punto, per quanto la memoria mi comporterà, ricordarli, acciò che noto vi sia

> quello che abbiano giudicato e creduto di questa materia omini degni di somma laude ed al cui giudicio in ogni cosa prestar si potea indubitata fede[17].

And yet, despite this absence, the book constantly evokes Castiglione's presence, as it honors the life and accomplishments of its members. To their words and deeds is given unquestioned faith. As head and member of this extended family of *cortegiani*, who gather around the Duchess forming a chain of love (*una catena d'amore*), Castiglione sends his book as a portrait of the Court of Urbino, bearing witness to his faithful services, and as a casual token of appreciation for the happy times spent at Urbino. By fulfilling his obligation, Castiglione pays homage to the past and to all those who contributed in making, as he nostalgically remembers, the best years of his life.

---

[17] CASTIGLIONE, *Il Libro del Cortegiano*, p. 83. «And even though I was not present and did not take part in them, being in England at the time when they occurred, I learned them shortly thereafter from a person who gave me a faithful report of them; and I shall attempt to recall them accurately, in so far as my memory permits, so that you may know what was judged and thought in this matter by men worthy of the highest praise, and in whose judgment on all things one may have unquestioned faith» (I.i, pp. 12-13).

LA «MEMORIA DEL FUTURO». EPIFANIE DEL FEMMININO IN LUIGI SANTUCCI E MARIO LUZI

Lucia Masetti

1. La sapienza femminile

Luigi Santucci e Mario Luzi –due punte d'eccellenza nella letteratura cattolica del secondo Novecento– attribuiscono entrambi alla donna un ruolo fondamentale, facendone uno dei cardini della loro poetica e del loro sistema di pensiero. Nella loro prospettiva infatti la donna è caratterizzata da una sapienza superiore a quella maschile: non un sapere astratto, intellettivo, bensì una sapienza profonda e incarnata. In particolare Santucci esprime l'idea che «il meglio, l'imperituro, l'indistruttibile poesia del mondo» siano custoditi nel «grembo» delle donne[1]. Similmente Luzi sostiene che, se qualcuno possiede la risposta alle grandi domande della vita, è la donna; «perciò è

---

[1] SANTUCCI, *Il cuore dell'inverno*, Casale Monferrato, Piemme, 1992, p. 126.

una rivelazione continua, si ripropone sempre come presenza, richiamo, desiderio, assenza»[2].

Peraltro la sapienza della donna è indipendente dalla sua volontà: «Qualche volta lei la sa portare questa verità, altre volte non se ne accorge; ma ne è comunque un tramite»[3]. Tuttavia in alcune donne particolarmente consapevoli ciò si traduce in capacità di veggenza e profezia. Santucci l'attribuisce esplicitamente a Eva nell'*Almanacco di Adamo*[4] e a Claudia Procla in *Volete andarvene anche voi?*[5], mentre Luzi paragona gli occhi di una donna alla «sfera di cristallo / di non so che veggente mai visitata»[6].

Tale sapienza ha le sue radici nella capacità femminile di vivere le due dimensioni costitutive dell'umano –corporeità e spiritualità– con un'intensità totalizzante. Caratteristica della donna è infatti una straordinaria pienezza vitale:

> La tua sorgente pullula
> in pieno sole e mi abbacina
> e quell'incendio si comunica

---

[2] LUZI, *Conversazione. Interviste 1953-98* (a cura di A. Murdocca), Fiesole, Edizioni Cadmo, 1999, p. 220.

[3] Ivi, p. 217.

[4] SANTUCCI, *L'almanacco di Adamo*, Roma, Paoline, 1985, p. 20.

[5] SANTUCCI, *Volete andarvene anche voi? Una storia di Cristo*, Mondadori, Milano, 1970, p. 256.

[6] LUZI, *Mutevole, durevole?*, in VERDINO (a cura di) *L'opera poetica*, Milano, Mondadori, 1998, p. 396.

> alla mia stanchezza che infatti si dirada[7].

Ciò permette alla donna, da un lato, di essere saldamente ancorata alla dimensione terrena, conservando «il dominio [...], semplice e divino insieme, delle cose, del loro diretto contatto con il corpo» e proponendosi come «privilegiata mediatrice tra [gli uomini] e la natura»[8]. Dall'altro lato le consente di intrecciare un legame privilegiato con la dimensione metafisica, facendosi mediatrice tra gli uomini e il cielo.

1.1. La carnalità

Per quanto riguarda la dimensione corporea del femminile, entrambi gli autori la descrivono in una luce misteriosa e finanche mistica. Attraverso il suo corpo infatti la donna veicola una «verità» sconosciuta a lei stessa, come afferma Luzi:

> Dove stava la verità? – Non stava,
> era, cioè diveniva
> se stessa continuamente – questo
> ancora non lo sa
> la donna del carme,
> sa soltanto che n'era parte[9].

---

[7] LUZI, *Hystrio*, in COSENTINO (a cura di) *Teatro*, Milano, Garzanti, 2018, p. 333.

[8] SANTUCCI, *Donne alla mola*, in *Opere*, 3 voll., Torino, Aragno, 2015, vol. III, p. 67.

[9] LUZI, *Dove stava la verità? – Non stava*, in *L'opera poetica*, cit., p. 665.

La «memoria del futuro»

In altre parole la verità per Luzi non è «dettata e cristallizzata in una frase da ripetersi, ma è piuttosto posta come qualcosa che dobbiamo continuamente trovare dentro di noi»[10]. Ossia deve essere continuamente esplorata, da parte sia della donna che ne è portatrice sia dell'uomo con cui entra in relazione. Questo trova corrispondenza nel *Mandrogolo* di Santucci:

> Ogni volta di più si convinceva che la donna non era un voluttuoso balocco su cui dall'esterno esercitarsi, ma un paese per cui lasciar tutto e smarrirvisi, prendendone la cittadinanza e i costumi, come certi esploratori o missionari, ritrovati dopo decenni, avevano assunto le usanze, la lingua e sinanco il colore della pelle delle tribù a cui s'erano amalgamati[11].

Tale esplorazione passa anche attraverso la sfera sessuale, cosa che suscita nella donna e nell'uomo sentimenti contrastanti, inclusi turbamento e malinconia. Infatti il componimento di Luzi sopraccitato mette in luce anche l'indignato stupore della donna posta di fronte alla propria sessualità:

> Perché, uomo, mi tocchi?
> perché, donna, lo consento?
> Mi colpì dritto nel volto [...]
> quel suo retropensiero

---

[10] LUZI, *Quella disposizione a dire*, in VERDINO, Note a *L'opera poetica*, cit., p. 1668.
[11] SANTUCCI, *Il mandragolo*, Milano, Mondadori, 1982, p. 81.

> scritto con felicità e sgomento più che
> in lei nel cosmo.

Nello stesso tempo, però, i due autori sottolineano il carattere di necessità della relazione carnale, dovuta appunto al manifestarsi in essa della verità metafisica. Particolarmente esaustivo in merito è il romanzo *Come se*, che sviluppa una tesi paradossale: nel momento culminante dell'amplesso la dimensione terrena e quella divina si mescolano; dunque gli angeli assistono dall'alto all'amore degli uomini[12] e gli uomini hanno una percezione certa del divino. Dice infatti Mico al protagonista, Klaus: «Hai mai dubitato di Dio quando godi in una donna? Fermati lì: quella è la misura della verità, la Rivelazione che continua»[13]. Più avanti Klaus, camminando con l'amata in un cimitero, vede prefigurata nel corpo di lei la resurrezione della carne, e pensa «a quando tutto quel cimitero sarebbe stata una danza di corpi nudi»[14]. Nella donna si fa dunque presente la realtà escatologica, «quando lo spirito e la carne non saranno più antagonisti ma compatto gioiello»[15].

1.2. La spiritualità

Per quanto riguarda invece la dimensione spirituale, il ruolo mediatore della donna è influenzato evidentemente dal modello dantesco. Non a caso

---

[12] SANTUCCI, *Come se*, Milano, Mondadori, 1973, p. 18.
[13] Ivi, p. 54.
[14] Ivi, p. 138.
[15] SANTUCCI, *Il cuore dell'inverno*, cit., p. 126.

La «memoria del futuro»

Luzi mette in scena un dialogo tra il poeta e una donna "beata", ascesa alla sfera del sole:

> Lei [...] mi fissa
> dalla spera di sole che la cela
> e cerca lontano il senso di questo incontro.
> [...] Mi guarda
> fratello non ancora liberato forse, forse lemure o
> zombo.
> «Tu almeno non discendere
> dalla tua altezza d'allodola» la prego io [...]
> volendo in lei quel che non m'è possibile
> o penso non lo sia; mentre forse è già questo[16].

Il poeta dunque si percepisce inferiore alla donna, la quale ha accesso a una dimensione che a lui è negata (e qui si avverte anche un'eco montaliana: «forse solo chi vuole s'infinita / e questo tu potrai, chissà, non io»); tuttavia quella dimensione si sta forse già avvicinando, proprio grazie alla mediazione femminile. Similmente Santucci paragona la propria moglie all'angelo nocchiero del Purgatorio, perché pensa di poter arrivare alla salvezza solo grazie all'intercessione di lei[17].

Del resto va ricordato che la religiosità di Luzi e Santucci si sviluppò proprio grazie a esempi femminili. Per Luzi infatti «il cristianesimo è stato prima di tutto un'ammirazione e una imitazione di *sua* madre»[18], mentre Santucci identifica nella mo-

---

[16] Luzi, *La gioia – frequento questo pensiero*, in *L'opera poetica*, cit., p. 371.
[17] Santucci, *Il cuore dell'inverno*, cit., p. 126.
[18] Luzi, *La porta del cielo*, in Verdino (a cura di), Casale Monferrato, Piemme, 1997, p. 10.

glie il suo «Pigmalione», che ha plasmato la sua sensibilità umana e religiosa[19]. A ciò si aggiunge l'importanza rivestita dalle donne nella tradizione cristiana. In particolare Santucci sottolinea il legame speciale tra le donne e Cristo: loro hanno saputo capirlo come nessun altro e viceversa Cristo ha «inventato» una nuova concezione della donna, inaugurando «l'anima moderna del mondo»[20]. Luzi dal canto suo rimarca la connessione tra Cristo e il femminino attribuendo ad Angelica –figura chiave di *Frasi e incisi di un canto salutare*– una sorta di visione dell'eucarestia: «La luce le arrivò più intensa, / la raggiunse il fulgore di quei vini / e l'aroma di quei pani»[21]. Oltre a ciò la figura della Madonna è particolarmente presente sia nella narrativa di Santucci[22] sia nella poesia di Luzi[23]. In particolare quest'ultimo osserva che «la Madonna è un elemento importante per la sublimazione del femminile, richiesto dal femminile stesso per essere anche inteso nella sua accezione di fondo, del giusto e del sacrosanto»[24]. Perciò «al

---

[19] SANTUCCI, *Il cuore dell'inverno*, cit., p. 86.

[20] SANTUCCI, *Volete andarvene anche voi?*, cit., p. 172.

[21] LUZI, *Dov'era, dove mai l'aveva tratta*, in *L'opera poetica*, cit., p. 807.

[22] Oltre che nelle opere di argomento religioso, la Madonna ha un ruolo di spicco nei racconti *Il mercedario* e *Il pasticcio di rigaglie*, e nel finale del *Mandragolo*.

[23] In particolare nel *Viaggio terrestre e celeste di Simone Martini* la Madonna diventa una presenza costante.

[24] LUZI, *La porta del cielo*, cit., p. 19.

centro dell'immagine della donna c'è sempre l'esperienza e l'immagine di Maria»[25].

2. La donna figura della vita

In sintesi i due autori percepiscono nella donna una partecipazione attiva sia alla sfera terrena sia a quella celeste; perciò essa è pienamente inserita nella vita, intesa sia come divenire, flusso vitale, sia come essere, principio fondativo. In effetti per Luzi le due dimensioni tendono a confondersi nello sguardo della donna, che assomma in sé «il mutevole e il durevole»[26]; e anche per Santucci la donna è una «sintesi», una «meravigliosa unità di elementi contrastanti»[27]. La figura femminile diventa così emblema della vita stessa: in lei, secondo Luzi, risplende «l'assidua / minifabbricazione della morte / che in vita si converte»[28], in lei il miracolo dell'esistenza assume «grazia e persona»[29]. Santucci, dal canto suo, in *Non sparate sui narcisi* incarna nella madre le forze della vita: «Mia madre era un po' nazionalista, e all'infuori della sua patria, che era la vita, ignorava tutto il resto»[30].

---

[25] Luzi, *A Bellariva. Colloqui con Stefano Verdino* in *L'opera poetica*, cit., p. 1274.

[26] Luzi, *Il punto vivo, la primavera del mondo*, in *L'opera poetica*, cit., p. 391. Si veda anche *Mutevole, durevole?* e *Arte, cosa m'illumina il tuo sguardo?*, ivi, pp. 396 e 1078.

[27] Santucci, *Donne alla mola*, in *Opere*, cit., p. 36.

[28] Luzi, *S'ammassa Roma*, in *L'opera poetica*, cit., p. 1040.

[29] Luzi, *Si agita Giovanna*, ivi, p. 994.

[30] Santucci, *Non sparate sui narcisi*, Milano, Mondadori, 1977, p. 30.

2.1. Il divenire

Nella poesia di Luzi la donna si caratterizza spesso per la naturalezza con cui procede nel tempo, a differenza della sua controparte maschile:

> Ti vidi [...]
> leggera avanzare, favorita,
> come a un atleta pronto sullo scoglio
> che il peso dietro a lui quasi è svanito. [...]
> Il tempo
> per te lieve, in me desta quelle immagini
> dove un guerriero provoca a battaglia
> caracollando sotto mura ostili[31].

La contrapposizione è ancora più marcata nel racconto santucciano *Il pasticcio di rigaglie*, che ha come protagonista una coppia di mezz'età. Il marito infatti è ossessionato dall'opera distruttrice del tempo, mentre la moglie è aperta al futuro: «Quando tutto sta per consumarsi, ci si può innamorare daccapo; [...] la stagione del vero amarsi è questa che aspetta anche te e me»[32]. Non a caso la donna per Santucci è «un essere di musica o forse lei stessa la musica», dato che la caratteristica di questa forma d'arte è proprio il fluire armonioso nel tempo[33]. Tale virtù femminile deriva da un'intuizione istintiva: la donna, scrive Luzi,

> sente [...]

---

[31] LUZI, *Tu più prossima a perderti*, in *L'opera poetica*, cit., p. 1179.
[32] SANTUCCI, *Il pasticcio di rigaglie*, in *Nell'orto dell'esistenza*, Torino, Società editrice internazionale, 1996, p. 70.
[33] SANTUCCI, *L'almanacco di Adamo*, cit., p. 25.

> quegli
> oscuri
> profondissimi commovimenti
> e conosce
> quell'afono
> e ciclonico ricominciamento
> del tempo da se medesimo...
> – E, sì, sono pronta,
> evento io stessa [...]
> O resurrezione, resurrezione di quel che è –
>   pensa
> nel suo pensiero dove la morte manca[34].

In altre parole la donna percepisce la natura ciclica del tempo, in cui la vita continuamente rinasce; per Luzi infatti «la natura non conosce degradazioni se non apparenti: la sua legge non è la morte ma la metamorfosi»[35]. La donna inoltre avverte che il tempo non si limita a una ripetizione sterile bensì è indirizzato al proprio compimento, ossia alla vittoria definitiva della vita sulla morte; perciò il componimento si chiude sul pensiero della resurrezione. Infine la donna si sente parte di un unico «evento», la vita stessa, il che implica un senso di fratellanza e corresponsabilità con il resto del mondo.

Una consapevolezza simile è espressa, nell'opera santucciana, dal personaggio di Eva, che si trova in perfetta armonia con i cicli naturali: «Il

---

[34] Luzi, *Pasqua? Sì, Pasqua*, in *L'opera poetica*, cit., p. 763.
[35] Luzi, *La creazione poetica?*, in Quiriconi (a cura di), *Naturalezza del poeta. Saggi critici*, Milano, Garzanti, 1995, p. 137.

solerte ruotare dei climi e dei frutti, l'affezionarsi a loro e l'attenderli ogni anno [...] era per Eva il segreto stesso della felicità»[36]. Da un lato infatti la certezza della rinascita primaverile le permette di conservare la speranza anche durante l'inverno; dall'altro la ciclicità naturale le preannuncia la salvezza finale del mondo, è per lei «una parabola dell'immortalità, la figura di quei nuovi cieli e di quella nuova terra che Giovanni avrebbe visto nelle esaltazioni dell'apocalisse»[37].

2.2. L'essere

Quanto al legame con il principio fondativo della vita, esso si concretizza in particolare nella figura della madre. Santucci attribuisce addirittura alla donna incinta un sapere e una potenza sovraumani: «cammina sull'acqua»[38] e racchiude «la cabala d'ogni sapienza»[39]. Luzi poi sottolinea il meraviglioso contrasto tra l'esile fisico femminile e «il segreto della vita» in esso custodito:

> In forma così lieve
> l'essere confida talora il suo perché
> e in lei forse lo trova
> che incredula si chiede: me?[40]

---

[36] SANTUCCI, *L'almanacco di Adamo*, cit., p. 25.
[37] Ibidem.
[38] SANTUCCI, *L'imperfetta letizia*, in *Opere*, cit., vol. I, p. 241.
[39] SANTUCCI, *Il bambino della strega*, Milano, Mondadori, 1981, p. 81.
[40] LUZI, *Sogna, nel sogno*, in *Ultime e ritrovate*, Milano, Garzanti, 2014, p. 738.

La «memoria del futuro»

Più in particolare la figura materna assomma le caratteristiche di protezione e generatività[41]. Anzitutto rappresenta l'armonia e la pace originarie, verso cui molti personaggi santucciani avvertono una «nostalgia inconscia»[42]: da qui il desiderio di rientrare nell'utero, vero e proprio *leitmotiv* della produzione di Santucci. Luzi poi ritiene che il compito della donna (e in specie della madre) sia ricomporre il «mondo infranto»[43], «riammagliarne / i logorati fili»[44]: lo stesso, fondamentale compito che è svolto con altri mezzi anche dal poeta.

Inoltre la madre incarna il tema della fecondità. Per Santucci infatti «ogni donna è una strega, perché fabbrica la vita»[45]; inoltre ha la capacità di rigenerarla attraverso una maternità simbolica, come quella di Lina in *Come se*[46]. Per Luzi d'altra parte la «voce materna» si fa espressione del principio divino da cui tutto ha origine: «è bella / e tutto par nato da quella»[47]. Viceversa il concepimento «si trasforma in modalità strutturante la ri-

---

[41] De Rosa, *Madre e «Communio sanctorum» nei romanzi di Luigi Santucci*, «Studi e problemi di critica testuale», 26 (1983), pp. 187-194.
[42] Santucci, *Il cuore dell'inverno*, cit., p. 166.
[43] Luzi – Tabanelli, *Il lungo viaggio nel Novecento. Storia politica e poesia*, Venezia, Marsilio, 2014, p. 238.
[44] Luzi, *Tentavano l'aria*, in *L'opera poetica*, cit., p. 1042.
[45] L. Santucci, *Il bambino della strega*, cit., p. 94.
[46] Santucci, *Come se*, cit., p. 90.
[47] Luzi, *Alla vita*, in *L'opera poetica*, cit., p. 29.

flessione sulla genesi del mondo»[48]: l'essere stesso diviene così un «animato grembo», in cui tutto lentamente matura[49].

2.3. La «memoria del futuro»

Per questi motivi la donna è depositaria della «memoria del futuro»: con questo termine infatti Gabriel Marcel designava la speranza, intesa come l'intuizione di un'unità al di sotto della frammentazione, per cui tutto sarebbe incamminato verso un destino di «riunificazione» e «riconciliazione»[50]. Si tratta dunque di una memoria mistica, ancestrale, che esula dal contingente e addirittura dal tempo; perciò può diventare, come scrive Santucci, una «memoria rovesciata, cioè profetica», volta non solo al ricordo del passato ma anche al compimento futuro[51]. Infatti, proprio perché la donna intuisce misteriosamente il principio fondativo dell'essere, sa che il divenire non è incamminato verso la distruzione, bensì verso l'armonia e la pienezza. Luzi in *Frasi e incisi* descrive precisamente l'irrompere di questa consapevolezza nell'interiorità della donna, in cui si fondono passato e futuro, origine e compimento, ricordo e speranza:

---

[48] LUZI, *Icone del femminile nella poesia di Mario Luzi*, «Esperienze letterarie», 29.4 (2004), p. 54.
[49] LUZI, *Ceneri*, in *L'opera poetica*, p. 919.
[50] MARCEL, *Homo viator*, Paris, Aubier, 1944, p. 72 (trad. it. di Castiglioni – Rettori, Torino, Borla, 1967, p. 66).
[51] SANTUCCI, *L'almanacco di Adamo*, cit., p. 25.

> Trasparenza dopo trasparenza
> le s'apre [...]
> dentro, una voragine l'azzurro
> spazio [...]
> le inonda
> il passato ed il presente
> di luce, d'inanità...
> È la foce o la sorgente?
> o si fondono l'uno nell'altro
> il dopo e l'antecedente?
> Non ignora lei, né sa.[52]

3. Il passato

Andiamo dunque ad approfondire come la donna, in quanto depositaria della «memoria del futuro», influenzi il vissuto temporale. Anzitutto la donna appare portatrice di una possibile salvezza del tempo passato, intesa da Santucci in senso prevalentemente ontogenetico e da Luzi in senso filogenetico. Per Santucci, in particolare, l'amore per la madre è una forza tanto potente da vincere il divenire; infatti nell'*Orfeo in paradiso* il protagonista riesce, proprio in virtù del suo amore, a tornare indietro nel passato per rivedere la madre. Concretizza così una fantasia ricorrente in Santucci, come confessa lui stesso in pagine più scopertamente autobiografiche:

> Avviene allora in me una suggestione magica e violenta, un atto di fede folle, ma certissimo: quando sono sulla terrazza di Triuggio mia mamma è ancora laggiù viva, Milano torna di

---

[52] LUZI, *Equiparata al nulla*, in *L'opera poetica*, cit., p. 781.

> colpo quella degli anni Trenta. E sono ben certo
> che s'io potessi in un attimo [...] piombare dentro
> quella finestra, mia mamma non farebbe in
> tempo a chiudere il libro, a smobilitare i fornelli,
> a nascondersi. «Perché» le chiederei «hai fatto
> tutta questa commedia di essere morta?»[53]

Il potere salvifico dell'amore si spiega con la sua azione rafforzativa sulla memoria: «più è stato forte l'amore, più salda e nitida è la memoria che ci conserva quel passato»[54], e la resistenza di memorie così vivide non solo «ci compensa» delle realtà scomparse ma trasmette una promessa d'immortalità. Di fronte a essa cioè la morte si rivela una finzione momentanea, una «commedia»[55], che infine si infrangerà con la resurrezione. Perciò Santucci sovrappone addirittura la memoria alla figura della madre, poiché entrambe trasmettono la vita e lo fanno «ricco di cose perdute»[56].

Luzi invece dà più risalto alla memoria ancestrale, che attinge non ai ricordi personali ma a quello che Jung chiamerebbe inconscio collettivo: «è memoria della specie, / memoria dell'universo»[57]. Peraltro il termine «specie» rimanda al

---

[53] SANTUCCI, *Brianza e altri amori*, Milano, Rusconi, 1981, pp. 184-5.
[54] SANTUCCI, *Ultime parole ai figli*, in *Autoritratto*, Milano, Ancora, 2004, p. 263.
[55] Cfr. SANTUCCI, *Orfeo in paradiso*, Genova-Milano, Marietti, 2010, p. 138.
[56] SANTUCCI, *Abbozzo per un inno*, in *Se io mi scorderò*, Milano, Mondadori, 1969, p. 51.
[57] LUZI, *Spina. Spina latente*, in *L'opera poetica*, cit., p. 780.

mondo naturale, e in effetti la medesima sapienza è condivisa anche dagli animali. Come la donna infatti l'animale percepisce istintivamente la necessità che regola il mondo:

> Non lo perde e oltre lo scorta
> una memoria
> alla sua ambigua sorte,
> provvede a tutto - lo sente,
> n'è sicuro
> nel carenato petto –
> una per sempre
> onnipresente norma...[58]

Le donne, tuttavia, recepiscono la «memoria della specie» a un livello superiore di intensità e consapevolezza; grazie a loro poi anche gli uomini possono averne un'intuizione indiretta, avvertendosi così parte di un flusso temporale dalle origini antichissime:

> Ebbe la donna [...]
> un suo brivido,
> [...] e io
> rifluito ai padri
> e ai padri
> dei padri
> prima della loro nascita
> e ai germi
> umani e non umani
> sospesi nell'indiviso tempo...[59]

---

[58] Luzi, È cielo, terra, in *Ultime e ritrovate*, cit., p. 124.
[59] Luzi, *Memoria della memoria*, in *L'opera poetica*, cit., p. 803.

Perciò il poeta paragona le donne ai piloni di un ponte salvifico teso attraverso i secoli, che arriva fino alla sua stessa figlia (la quale, come la madre dell'Orfeo santucciano, diventa in qualche modo un essere atemporale: figlia e madre nello stesso tempo).

> Tese per il salvataggio
> [...] attraverso l'oceano
> di tempo che le spazia,
> [...] pile
> di un affettuoso ponte
> della muliebrità. [...]
> Trapassa da loro a loro
> negli evi, negli eoni
> la sapienza della specie,
> arriva a te che mi sei figlia
> e madre – dice con meraviglia il vir[60].

C'è da aggiungere che la donna contribuisce alla salvezza del passato anche in un altro senso. È infatti portatrice del perdono, che appunto riscatta il passato aprendolo a un nuovo avvenire. In *Come se*, ad esempio, il protagonista perde la fede nel Dio Padre, ma non riesce a rinunciare a una Madre che lo possa perdonare[61], mentre nella pièce *L'angelo di Caino* Eva diviene l'incarnazione stessa del perdono:

> CAINO: Il tuo perdono? Tu non hai diritto di perdonarmi. Io ho ucciso tuo figlio. Cos'è il tuo perdono?

---

[60] LUZI, *Si levano da oscure*, in *Ultime e ritrovate*, cit., p. 508.
[61] SANTUCCI, *Come se*, cit., p. 49.

La «memoria del futuro»

EVA: Io sono il tuo perdono[62].

Dal canto suo Luzi, riflettendo sul rapporto tormentato con la moglie, conclude: «Ciò di cui ho bisogno / infine è di perdono. / Non so bene di che ma di perdono comunque»[63]. Nonostante tutto, dunque, egli vede ancora nella moglie una figura di riferimento, da cui ottenere l'assoluzione. Ciò si riflette anche nell'opera teatrale *Ceneri e ardori*, in cui Charlotte conforta il marito infedele:

> Cessa di torturarti,
> Ben, non perdere di vista
> il giusto calcolo del bene
> e del male fatto. [...] Solo
> è dato sperare ci siano
> rimessi i nostri debiti[64].

4. Il futuro

Per quanto riguarda poi la dimensione futura del tempo, la donna si fa portavoce della speranza, che Santucci descrive come «un tranquillo vedere, grazie al suo lungo collo, là oltre la collina», ma anche come «una sorta di prepotenza»[65], capace di imporsi sugli uomini loro malgrado. In *Come se*, in

---

[62] SANTUCCI, *L'angelo di Caino*, Reggio Emilia, Città armoniosa, 1977, p. 78.

[63] LUZI, *Infra-parlata affabulatoria di un fedele all'infelicità*, in *Ultime e ritrovate*, cit., p. 468.

[64] LUZI, *Ceneri e ardori*, in *Teatro*, cit., p. 546. Luzi stesso rimarca la correlazione tra Charlotte e la propria moglie in *Colloquio. Un dialogo con Mario Specchio*, Milano, Garzanti, 1999, p. 292.

[65] SANTUCCI, *Il cuore dell'inverno*, cit., p. 136.

particolare, Klaus è determinato a uccidersi, ma l'amore di Dafne lo ferma:

> Quella potenza, con più forza di tutti i rimedi che gli venivano somministrati, contrastava occultamente con gli spiriti che gli avevano promesso la morte; a tratti apriva in lui –ciò ch'era più insidioso– l'ipotesi di una tregua, uno spiraglio d'irrazionale gioia che lo riattaccava per qualche attimo alle cose[66].

Più in generale pressoché tutti i personaggi femminili di Santucci trasmettono speranza ai loro interlocutori maschili, anche solo con la loro presenza o il loro «spontaneo cantare»[67]. E dietro a questo ideale c'è un modello concreto, la moglie Bice, come spiega l'autore stesso in una poesia indirizzata alla figlia:

> Negli occhi di tua madre, piccolina,
> c'è non so quale coraggio
> non so quale speranza.
> Solo tua madre, piccolina,
> fra quante penano e maledicono creature
> [...] sa ciò che deve accadere[68].

Anche per Luzi la donna, grazie alla sua capacità di vedere oltre la contingenza, è immune dalla disperazione assoluta: per lei tutto ciò che accade rimanda ad altro, «è lucida promessa / inesauri-

---

[66] SANTUCCI, *Come se*, cit., p. 96.
[67] SANTUCCI, *L'almanacco di Adamo*, cit., p. 21.
[68] SANTUCCI, *Contrasto con la mia ultima nata*, in *Se io mi scorderò*, cit., p. 73.

La «memoria del futuro»

bile apertura, transito»[69]. Tuttavia Luzi dà alla speranza femminile una connotazione più combattiva e bruciante: è l'immagine stessa dell'utopia che lotta per affermarsi[70]. Tale concezione è incarnata in particolare dal personaggio di Ipazia, che nonostante tutto le sia contrario continua a sperare:

> La nostra causa è perduta, questo lo so bene.
> Ma dopo? Che sappiamo del poi? [...]
> Gettiamo questo seme nella bufera,
> in questa taverna turbolenta che è Alessandria
> giochiamo questa partita a dadi con la storia del mondo![71]

La sua stessa morte non è in realtà un cedimento al male bensì un sacrificio che genera nuova vita, poiché «una donna muore per la vita, non per la morte»[72].

In ultimo la donna non si limita a infondere una tensione verso il futuro, bensì apre una strada al di là del tempo stesso, verso l'oltre-tempo. In particolare Santucci vede le donne come «simboli puntati verso l'immortalità e la gloria dei cieli»[73],

---

[69] LUZI, *Tu più prossima a perderti*, in *L'opera poetica*, cit., p. 1179.

[70] «La femminilità fa parte anche in senso metaforico delle grandi speranze, delle utopie», LUZI, *Cantami qualcosa pari alla vita*, in VERDINO, *Cronologia*, anteposta a *L'opera poetica*, cit., p. LXI.

[71] LUZI, *Libro di Ipazia*, in *Teatro*, cit., p. 118. Cfr. LUZI, *Parola e fede nel* Libro di Ipazia, «Quaderni del Centro Studi Mario Luzi», 6 (2005), pp. 21-31.

[72] Ivi, p. 150.

[73] SANTUCCI, *Il cuore dell'inverno*, cit., p. 126.

mentre Luzi trova nell'amore un anticipo di paradiso: l'intuizione di una realtà trascendente e perciò eterna.

> Quella radiosità inattesa [...]
> quella passeggiata in paradiso
> che per grazia ci fu data
> qui e insieme...
> Su lei cadde la scure
> della temporalità impietosa,
> pure non ne troncò alcuna cima
> [...] Luce
> è ancora, e per questo inarrestabile[74].

---

[74] LUZI, *Detto per Angelica*, in *L'opera poetica*, cit., p. 813.

ENTRE DEVOIR DE MEMOIRE ET CONSTRUCTION DE L'IMAGINATION, LA VIE DE SOFONISBA ANGUISSOLA REECRITE PAR CARMEN BOULLOSA

Marion Poirson-Dechonne

Les écrivains latino-américains ont contribué à renouveler le genre du roman historique. Ainsi, la Mexicaine Carmen Boullosa, écrivain majeur de la littérature contemporaine, ravive dans son roman *La virgen y el violín* le souvenir de Sofonisba Anguissola, une Italienne devenue peintre officiel de la cour d'Espagne et oubliée de l'histoire. Ce devoir de mémoire, qui s'inscrit dans un mouvement plus vaste de restauration de la mémoire des femmes, permet de reposer, au sein d'un roman historique novateur, habité par la question du genre, la problématique de la mémoire soulevée par Paul Ricœur, dans un contexte méditerranéen hanté par la place qu'occupent les femmes, qu'elles soient mythiques ou réelles. La mémoire de Sofonisba croise d'autres mémoires, entre antiquité, histoire moderne et contemporanéité. Le personnage de Magdalena, mis en parallèle, associe la figure de Mnémosyne à celle d'un griot africain, dans une Méditerranée d'abord géographique et historique,

Entre devoir de mémoire

puis élargie et fantasmée, où toutes les deux circulent librement.

Comment Carmen Boullosa parvient-elle à renouveler cette problématique de la mémoire, en mêlant histoire et fiction, invention littéraire et reprise de formes traditionnelles comme celle de l'épopée? On s'efforcera à répondre à ces interrogations en observant trois axes de réflexion. On examinera d'abord la question du devoir de mémoire et de l'*anamnesis*, dans ce projet de revivescence de la vie de Sofonisba Anguissola, puis, dans un second temps, la mise en évidence de la figure mémorielle de Magdalena. Enfin, on analysera le lien entre mémoire et imagination, dans un roman qui mêle sans cesse histoire et fiction, en se focalisant sur la rhétorique de l'énigme, point de départ de *La virgen y el violín*, dans ce récit qui pose la question de la mémoire des femmes en Méditerranée et joue sur la subversion des genres, romanesque ou sexué, pour recentrer ce qui relevait de la périphérie.

1. Le devoir de mémoire: le projet de Carmen Boullosa

1.1 Réhabilitation des femmes d'exception

Carmen Boullosa, qui s'élève contre l'injustice des humanistes envers les femmes de talent, effectue un travail de réparation en recensant leurs livres. Ainsi, elle fait la liste de celles que l'histoire a souvent reléguées au second plan. En parallèle à Sofonisba, peintre officiel de la cour d'Espagne, Carmen Boullosa évoque sa consœur Leevinia Terlin, succédant à Holbein dans son poste à la cour d'Angleterre. Elle entend réhabiliter son héroïne, effacée des mémoires, contrairement à Velasquez. Est-ce en raison du nombre réduit de sujets picturaux dévolus aux femmes? Pourquoi cette amnésie? Au XXème et XXIème siècles de nombreuses démarches de réhabilitation ont été entreprises, livres, rééditions, expositions, (comme celle organisée à Crémone dans le cadre du projet culturel *Concerto per Sofonisba*, en avril 2016, qui mêle musique et peinture). C'est bien dans cette perspective que s'inscrit Carmen Boullosa. Dans son livre, elle ne se contente pas de mettre l'accent sur d'autres femmes célèbres, mais réécrit l'histoire de son personnage en dressant un tableau de l'époque qui rappelle le rôle joué par d'autres femmes, politiques ou artistes. Le livre insiste sur l'inégalité des sexes. «Pour les hommes, tout. Pour les femmes, le discrédit. Louable répartition»[1].

Pour exemple, la réflexion esthétique, loin d'être un attribut masculin, constitue un des questionnements de l'œuvre. Sofonisba, dans ses premiers tableaux, opte pour l'inachèvement. Dans l'épisode de la traversée en bateau l'observation de la mer la conduit à se poser la question de l'irre-

---

[1] «Para los hombres, todo. Para las mujeres, el desprestigio. Loable repartición», BOULLOSA, *La virgen y el violín*, Madrid, Ediciones Siruelas, 2008, p. 68. Dans *L'Odyssée*, la mère d'Ulysse se nomme Anticlée, ce qui renvoie à l'absence de *kleos*, de gloire.

Entre devoir de mémoire

présentable et de l'éphémère. Dans un autre passage[2], elle évoque la difficulté de l'autoportrait par rapport à la vérité. En même temps, en tant que peintre officiel de la cour, elle doit s'adapter aux codes de représentation des portraits royaux, et en particulier la question du "paraître vrai" se substituant à la vérité. Ailleurs, elle se représente l'acte de peindre tout à la fois comme un exercice tactile et un acte de parole[3] à voix haute, comme si elle avait l'intuition de la dimension synesthésique de l'art.

1.2 La virgen y el violín, *mémoire et centralité de la figure féminine*

Le titre choisi par l'auteur soulève une série de questions. Elle a répondu sur son origine. Le tableau présenté sur la couverture montre un autoportrait de l'héroïne, avec une inscription mystérieuse. D'une part, elle se définit comme vierge, d'autre part, on remarque les initiales RK qui restent mystérieuses. C'est sur cette énigme que se fonde le roman: l'amour éperdu et interdit entre deux êtres, Renzo (diminutif de Lorenzo) Klotz (nom d'une célèbre famille de luthiers de Crémone. Mais cette symétrie, centrée sur l'identité des syllabes initiales s'avère en réalité illusoire. Elle met sur le même plan un être vivant et un objet qui se substitue de manière métonymique à la

---

[2] Ibid., p. 95.
[3] Ibid., p. 120.

personne. A cette dissymétrie s'ajoute une seconde: la première est un personnage réel, le second une fiction. Enfin, une troisième se lit dans l'entame du récit, en focalisation interne. Nous épousons le regard de Renzo qui se centre sur Sofonisba. Il est désigné par son diminutif, elle par son patronyme complet, très long, ce qui lui permet d'occuper physiquement l'espace de la page. Cette différence de traitement souligne son statut de personnage historique et le désir de la mettre au centre du récit comme de l'histoire. Son prénom revêt une solennité due à son origine (une reine de Numidie qui préféra s'empoisonner que de subir l'humiliation réservée aux captifs pour le triomphe de Scipion l'Africain à Rome, devenue personnage de tragédie), et renforcée par les sonorités de son nom de famille. Il convoque la mémoire de la cité de Carthage, aux origines mythiques, reflète le choix humaniste du père, et éveille de multiples connotations chez un lecteur pétri de culture classique. Ici, Sofonisba Anguissola apparaît sous trois formes, personne réelle, personnage de roman et construction culturelle, incarnant une partie de la mémoire de sa ville, puisque la fiction l'associe aux luthiers de Crémone. De plus, Carmen Boullosa inverse les stéréotypes du masculin et du féminin. Ainsi, ce sont les hommes qui sont sensibles au doute ou au remords, et pleurent (Renzo ou Asdrubal), qui meurent d'amour (suicide de Renzo). Quand la femme souffre, elle devient une incarnation du

Entre devoir de mémoire

Christ et du sacrifice. On assiste à un renversement de perspective par rapport à certains romans historiques, dans lesquels la femme se montre prête à tout pour suivre ou rejoindre l'homme aimé. Le personnage recréé par Carmen Boullosa place la peinture au centre de sa vie. Son travail lui confère une identité et un statut social, son talent fascine les hommes.

1.3 Mémoire, femmes, identité

Mais Sofonisba ne constitue pas la seule figure féminine du roman, occultant toutes les autres. Ses sœurs sont traitées individuellement, bien que la notion de sororité apparaisse très importante. Elles existent par elles-mêmes et reçoivent une éducation. Leurs maîtres ont été Bernardino Campi, un peintre maniériste et Bernardino Gatti, Il Sojano[4] un peintre de Pavie, avant que Sofonisba elle-même ne joue ce rôle auprès de sa famille ou de l'infante. Elles sont aussi pourvues d'audace et de liberté de penser. Ainsi, Minerva invente une histoire licencieuse mettant en scène deux chaussures, l'une baptisée Sofonisba et l'autre Renzo[5]. Elena, cloîtrée dans un couvent, rêve d'Afrique et de pays lointains. Son imaginaire est peuplé de fantaisies ou de bizarreries nocturnes. Ses dessins, grâce à l'encre et au papier offerts par Renzo, expriment une forme plus consciente d'évasion à une

---

[4] Ibid., p. 50.
[5] Ibid., pp. 60-61.

époque où la condition féminine subit le pouvoir des hommes. Veronica, la mère de Renzo, seconde son mari luthier dans la gestion de l'atelier, en femme d'affaires, soucieuse de l'expansion de l'entreprise, des succès commerciaux et de la découverte de nouveaux marchés[6]. Sofonisba épouse un homme beaucoup plus jeune qu'elle de 25 ans, qui l'initie aux plaisirs du sexe.

Etant Mexicaine, Carmen Boullosa n'a pas le regard d'une Européenne. Elle élargit l'espace dévolu aux femmes, déjà considérable dans la réalité de l'époque pour Sofonisba. Les rencontres faites par l'héroïne la confrontent à l'immensité du monde. L'intrigue du roman va au-delà du contexte méditerranéen. Le récit permet une extension et un décentrement économique et géopolitique vers l'Afrique et l'Amérique[7]. Rome est présentée comme une capitale multi ethnique, dont la rue, espace ouvert par excellence, permet le surgissement de ces figures exotiques, et s'apparente à un fleuve charriant des milliers de poissons d'espèces différentes[8]. L'intérêt de ces descriptions réside moins dans une vision exotique de l'espace méditerranéen, que dans un choix idéologique consistant à subvertir notre vision des choses, par une représentation de la Rome du XVIème et XVIIème siècle, qui ne serait plus européanocentrée. C'est pourquoi la mémoire s'incarne aussi

---

[6] Ibid., p. 46.
[7] BOULLOSA, *La virgen y el violín*, op. cit., p. 71.
[8] Ibid., p. 53.

dans un personnage de fiction, venu d'Afrique, Magdalena.

2. De la Méditerranée à l'Afrique, le déploiement de la mémoire

2.1 Entre avatar de Mnémosyne et griot africain, le personnage de Magdalena

Magdalena, une jeune femme Africaine, placée sous le signe de l'excès, incarne la mémoire. Elle pourrait constituer un avatar de Mnémosyne. Dans son article consacré à cette figure, Marie-Anne Paveau[9] précise que la mémoire ne constitue pas seulement une fonction humaine mais un concept d'analyse du discours. Ce personnage mythologique, à la dimension symbolique complexe, est une Titanide, de la première génération des dieux fondateurs, qui a permis de construire notre représentation de la mémoire. Dans le roman, Magdalena, une géante, se définit comme la réceptrice d'une mémoire qui excède la sienne propre, de même que le gigantisme de Mnémosyne lui permettait d'abriter la totalité de la mémoire humaine[10] «Je porte en moi la mémoire des miens, de mes ancêtres». La *Théogonie* d'Hésiode présente Mnémosyne comme la mère des Muses, celles qui

---

[9] PAVEAU, *Discours et mémoire, la mémoire, mère du discours*, publié le 30/08/2013, remis à jour le 05/10/2013, https://penseedudiscours.hypotheses.org/12340, téléchargé le 5/11/18.

[10] «Tengo conmigo la memoria de los míos, de mis ancestros», BOULLOSA, *La virgen y el violín*, op. cit., p. 136.

donnent aux hommes les facultés sémiotiques, expressives, discursives et confèrent au poète le don du souvenir des faits. Leur enseignement s'effectue sous forme de réminiscence (théorie de l'anamnèse, analysée par Jean-Pierre Vernant)[11]. Dans l'*Iliade*, la mort d'Achille suscite une immortalisation par glorification: c'est une des fonctions de Mnémosyne, qu'assume à son tour Magdalena, en chantant les hauts faits d'Askia Mohammed, même si elle s'en écarte par la suite en occultant une partie de l'épopée.

Mnémosyne se caractérise aussi par sa fonction sacrée. Les Grecs sacralisaient la mémoire par des cérémonies initiatiques et la représentaient sous la forme d'un fleuve accompagnant le Léthé, symbole de l'oubli. Selon Pausanias, Mnémosyne prenait alors la forme de l'eau qui redonne la mémoire après l'oubli. Le thème de l'eau associé à la mémoire resurgit dans le récit que Magdalena fait de sa propre vie. Son nom commence par la même initiale que Mnémosyne, et vient de la figure de Marie de Magdala, un village dont le nom renvoie à l'idée de fortification. Ce prénom constitue la dérivation d'une localisation. En soi, il représente déjà la mémoire d'un lieu enrichie de connotations bibliques, qui renforcent la caractérisation du personnage et lui confèrent un poids symbolique.

---

[11] VERNANT, *Mythe et pensée chez les Grecs*, Paris, La Découverte, 1985.

2.2 L'épopée d'Askia Mohammed, une relecture féminine

Carmen Boullosa a repris le texte de Nouhou Malio, *L'Epopée d'Askia Mohammed,* publié aux Etats-Unis, par Thomas Hale[12]. Elle a sans doute emprunté aussi, pour étoffer son personnage, et nourrir le récit qu'elle fait de sa propre vie, à l'interview du même griot du 26 janvier 1981, alors qu'il était âgé de 65 ans. Il décrivait l'entraînement de griot, selon une méthode en accord avec l'apprentissage du Coran, mais cet aspect a été totalement gommé par Carmen Boullosa. La question de la mémoire s'avère inséparable de la notion d'apprentissage, dans l'Antiquité grecque ou en Afrique. Une autre similitude intervient, à travers ce lien particulier avec l'eau nécessité par le rituel du bain du futur griot, observé aussi par les anthropologues, Thomas Hale, Paul Cunnerton ou Sandra Bonnard, et repris dans le récit de Magdalena.

Askia Mohammed était le chef le plus fameux de l'histoire de l'empire Songhay, dont l'apogée se situe entre 1492 (date de la découverte de l'Amérique) et 1528. Après son coup d'état en 1493, il a pris le titre d'Askia, fondé une nouvelle dynastie et régné 36 ans, avant d'être renversé par un de ses fils. Son épopée a intéressé Jean Rouch Rouch qui a écrit sur l'histoire de ce peuple et sa magie, es-

---

[12] HALE, *The Epic of Askia Mohammed,* Bloomington, Indiana University Press, 1996.

sentielle dans les moments critiques.[13] Son langage se fonde sur trois formes, narrations, proverbes de louanges et chansons. Carmen Boullosa oublie les généalogies pour se centrer sur le contenu héroïque. Elle reprend en revanche la dimension animiste du récit. En mêlant histoire européenne, récit africain et récit mexicain elle convoque aussi sa propre mémoire qui s'enracine sur trois continents.

La fonction que Magdalena revêt dans le roman s'éloigne, par divers traits, de celles traditionnellement dévolue aux griots chez le peuple Songhay. En tant que ne femme, elle devrait être chanteuse ou musicienne, la parole restant l'apanage des hommes, ou s'adonner, durant les rituels de mariage, aux joutes verbales, destinées à construire une représentation féminine qui garantisse la paix sociale et familiale ébranlée par une nouvelle alliance. En s'appropriant un genre spécifiquement masculin, Magdalena sort du territoire dévolu aux femmes. Elle s'écarte aussi de la fonction de griot sur un point précis. Son but n'est pas de cautionner ou de renforcer l'idéologie dominante liant le futur *jéséré* aux grandes familles dont il serait le serviteur comme elle l'affirme clairement: «nous les dunka sommes du peuple»[14]. Chez les jésérés il s'agissait de renforcer la dimen-

---

[13] Cf. STOLLER, *The Cinematic Griot, The Ethnography of Jean Rouch*, Chicago, University of Chicago Press, 1992.

[14] «Nosotros los *dunka* somos de la gente», BOULLOSA, *La virgen y el violín*, op. cit., p. 135.

Entre devoir de mémoire

sion identitaire de la communauté, qui reposait sur le contrôle des mythes, récits et par le pouvoir, les nobles exigeant que ces récits fussent conformes à ceux qu'ils entendaient depuis l'enfance, et exerçant une forme de censure. Le but était de légitimer la noblesse dans l'exercice du pouvoir.

Carmen Boullosa adapte un texte existant et le modifie. Elle lui confère une homogénéité narrative, en supprimant un certain nombre de choses, mais restitue l'hétérogénéité narrative de l'épopée originelle à l'échelle de l'ensemble de l'œuvre. Le caractère multi-générique spécifique au genre épique resurgit dans le roman, qui multiplie les récits enchâssés et les narrateurs, en jouant sur une graphie différente, plus petite, pour attester la greffe énonciative. L'épopée d'Askia Mohammed, disposée comme un poème, occupe une place et une fonction particulières et se décline en plusieurs épisodes, enchaînés de façon linéaire, espacés dans le temps, avec des rappels. Ces chants se divisent en couplets inégalement répartis, introduits par des formules codifiées, souvenirs de l'oralité, et multiplient les anaphores, les prédictions, les effets moratoires.

2.3 La conteuse, l'écrivaine, la sorcière: la dimension transhistorique du récit

L'épopée d'Askia Mohammed a servi à la construction d'une mémoire musulmane. Carmen Boullosa a supprimé cette dimension, préférant mettre l'accent sur la figure de la sorcière réhabilitée au cours des années 1970 par des écrivaines et militantes féministes, qui voyaient en elle une figure de contre-pouvoir, menaçant la domination masculine et réprimée pour cette raison. *La vida de Magdalena, contada por ella misma* vient redoubler l'épopée, et apporte une dimension historique et politique. Cette dimension transhistorique du récit émerge à diverses reprises dans le roman. La question de la femme, de la magie et du désir renvoie à un courant qui a mis en évidence la notion d'écriture féminine, organique, liée au corps. Ces années ont joué un rôle prédominant dans la réhabilitation de la sorcière, que l'on a enracinée dans la représentation de la Métis grecque. L'histoire est donc vue à travers le filtre de l'imaginaire et un regard féminin, qui oriente le récit, en altère le sens, car elle se conçoit comme au service de la fiction. L'intérêt que Carmen Boullosa porte au métissage et à la diversité culturelle va à l'encontre des idéologies de l'ère coloniale, qui classaient les peuples de façon hiérarchique, mettaient en avant la *limpieza de sangre* et la suprématie de la foi catholique sur les "hérésies" comme le luthéranisme, et les religions étrangères. Le livre subvertit les croyances. Ainsi, Veronica, la mère de Renzo, se situe en marge, en professant l'athéisme. «Veronica pense dieu en minuscule. Elle n'a pas un esprit obéissant. Elle ne connaît pas la ferveur religieuse

Entre devoir de mémoire

[...] Pour elle, Dieu n'existe pas»[15].

Bien que cette forme d'athéisme s'avère anachronique[16], ce refus de Dieu ouvre la voie à d'autres formes de croyances, jugées tout aussi légitimes, dans l'univers du roman. De même, les audaces de Sofonisba en matière de représentation religieuse ne s'avèrent pas seulement formelles, mais retravaillent le sacré dans une direction que l'Eglise catholique aurait jugée à l'époque blasphématoire, dans les tableaux où le Christ revêt les traits de Renzo ou d'Elena, figuration iconoclaste imaginée par l'écrivaine, tant féminine (La Crista) qu'érotique.

Magdalena se trouve mise en parallèle avec Vittoria Colonna, et représente comme elle une figure de transgression. Vittoria a été sauvée de l'Inquisition par la mort, Magdalena apparaît liée au monde des esprits. Mémoire et magie vont de pair. Son activité de conteuse demeure en relation avec la sorcellerie[17]. Le livre oppose la magie féminine, archaïque, bénéfique, en lien avec la lune, au pacte avec le diable de Renzo: d'un côté les déesses mères, positives, de l'autre côté le principe du mal issu du monothéisme.

---

[15] «Verónica piensa dios en minúscula. No tiene un espíritu obediente. No conoce el fervor religioso [...] Para ella, Dios no existe», BOULLOSA, *La virgen y el violín*, op. cit., p 129.

[16] FEBVRE, *Le problème de l'incroyance au XVIème siècle, la religion de Rabelais*, Paris, Albin Michel, 1947.

[17] BOULLOSA, *La virgen y el violín*, op. cit., p 165.

Le propos de Magdalena consiste à faire partager un récit oral dans un monde dominé par l'écriture depuis l'invention de l'imprimerie. Il ne s'agit pas d'exercer un contrôle social, mais de diffuser une culture aux antipodes de la culture dominante, celle d'un centre très éloigné de ce qui a été longtemps le cœur du monde occidental, jusqu'à la découverte de l'Amérique, la Méditerranée. Même si les personnages du récit s'y rejoignent, ils viennent de différents continents, et remettent en question cette centralité, portée par l'histoire, la mémoire, les échanges économiques et culturels. La vision de l'histoire qui s'exprime dans le roman de Carmen Boullosa, en dépit d'une documentation précise et abondante, renvoie à divers courants de pensée destinés à réhabiliter les peuples soumis, leur culture, leur religion, le genre opprimé et ses formes d'expression, jusqu'à la sorcellerie, présentée comme une alternative à une médecine occidentale longtemps confisquée par les hommes.

3. Mémoire, imagination, transgression

3.1 Temps romanesque et temps historique

Les catégories de Genette se révèlent opérantes pour comprendre la distorsion temporelle, et non seulement géographique, opérée par le roman. Comment le roman de Carmen Boullosa tend-il à s'approprier l'enjeu explicatif, le commentaire et l'analyse de faits historiques ? Comment le recours à des documents ou des livres d'histoire permet-il la dualité fiction/information? Quelle place l'histoire occupe-t-elle dans le récit: tableaux historiques, effets de sommaire ou de scène, évocation de personnages réels? Quelles limites revêt-elle, et comment Carmen Boullosa la réécrit-elle en définitive? Si l'on revient au titre et qu'on s'interroge sur son rapport à la réalité historique, on constate que Sofonisba est désignée comme une vierge alors qu'il s'agit d'un un état transitoire qui n'engage pas sa vie entière; même s'il a duré un certain temps, en raison d'épousailles tardives, elle s'est quand même mariée deux fois, et rien ne laisse entendre qu'il s'agissait de mariages blancs. D'autre part, si c'est ce qui la définit dans le tableau qui sert de matrice au récit, elle ne peut rester figée dans cette définition réductrice.

Le premier constat montre que la partie sur son état de vierge est la plus longue du roman et qu'elle constitue le corps du récit, celui où l'histoire cède majoritairement la place à la fiction

Carmen Boullosa ne s'attarde pas sur les deux dernières, qui correspondent à la réalité historique, même si la fiction ne cesse pas tout à fait de faire irruption, par le biais de personnages secondaires ou de tableaux imaginés. Le roman, par son déséquilibre et sa postface, assume sa dimension romanesque, en posant le problème du rapport entre temps du récit et temps de l'histoire.

Dans les parties plus courtes le sommaire prend le pas sur la scène et les multiples ellipses occultent des pans entiers de réalité: la seconde partie s'ouvre directement sur l'annonce de son veuvage, avant de ménager une analepse pour décrire les circonstances de la mort de son mari. Ce vide contribue à ancrer dans l'esprit du lecteur la supériorité de la fiction sur la réalité, et la puissance de l'imaginaire. Ces 28 années à peine mentionnées s'insèrent entre les chapitres 2 et 3 de la troisième partie.

Le problème de la relation entre réalité et fiction intervient constamment dans les romans historiques. Ceux-ci ont recours aux mêmes outils que le récit historique, à savoir la narration et la description, mais ils ne témoignent pas d'un même souci d'exhaustivité. Certes, le roman s'attache à décrire l'activité du luthier à diverses reprises[18]. La description de la vie économique de Crémone grâce à la lutherie, ou le fonctionnement de l'atelier apparaissent dans le roman d'une manière très documentée[19]. Mais on met aussi en parallèle le violon parfait construit par Renzo, et les tableaux imaginés par l'auteur du roman. On passe de l'histoire de l'art, qui décrit ou analyse des tableaux existants au mode proprement romanesque, qui invente des œuvres et leur disparition.

Le roman met en évidence la fonction du capitalisme naissant et le développement culturel de Crémone sans cacher le rôle joué par l'Inquisi-

---

[18] BOULLOSA, *La virgen y el violín*, op. cit., pp. 32, 34, 45, 52, 79, 150.
[19] DELUMEAU, *La civilisation de la Renaissance*, Paris, Arthaud, 1973.

Entre devoir de mémoire

tion[20] les querelles politiques, religieuses ou littéraires[21], la question des reliques[22], et celle du pouvoir[23]. Carmen Boullosa décrit la vie à la cour, en mettant plus particulièrement l'accent sur la reine et son entourage. La fiction s'ancre dans la réalité, en raison de la vraisemblance et les codes du genre. L'auteur utilise la prolepse. Ainsi, le motif de l'horoscope permet de présenter de manière originale des personnages connus, tout en rappelant cette dimension de la Renaissance qui faisait appel à des astrologues.

En définitive, le roman repose sur plusieurs temporalités, temps épique, temps romanesque, temps historique, celui de Sofonisba et le nôtre, qui communiquent. Ce travail sur le temps, ce va et vient entre réalité et fiction permettent de réorienter la question de la mémoire.

3.2 La virgen y el violín, *la fiction, le mystère, l'énigme*

Le point de départ du récit, comme l'indique Carmen Boullosa, est un trou, une béance. Elle évoque, dans sa *Nota de la autora*, sa première rencontre avec Sofonisba, lors d'une exposition. Un portrait l'avait alors frappée:

> Le médaillon que Sofonisba porte sur son premier portrait miniature que je lui ai connu con-

---

[20] BOULLOSA, *La virgen y el violín*, op. cit., p. 81.
[21] Ibid., p. 82.
[22] Ibid., p. 122.
[23] Ibid., p. 130.

> tient une énigme: à qui se réfère-t-elle avec la lettre K et la lettre R? (...) De là est né un personnage, Renzo Klotz, l'aimé imaginaire qui l'a accompagnée dans ces pages[24].

Dans la première partie du roman intervient un passage qui constitue le noyau génétique du récit, un passage où l'auteure décrit le tableau qui lui a servi de point de départ[25]. C'est donc l'énigme et cette béance creusée au sein de l'histoire qui appellent un comblement, et qui ouvrent la voie à la fiction, qui s'y engouffre volontiers cet amour de Renzo Klotz pour l'héroïne.

Dans sa postface, Carmen Boullosa adopte la métaphore de la lumière pour souligner le rôle essentiel de la fiction, et sa suprématie sur l'histoire.

> La fiction, comme il advient habituellement, illumine la réalité, indique à l'auteur quel chemin emprunter pour la suivre[26].

C'est donc cette béance qui se trouve comblée par la fiction. L'imaginaire de l'auteur s'exerce à partir d'une énigme dont la réponse n'est pas donnée. Cette absence autorise la liberté de l'écrivain avec l'histoire. Aucun document ne s'oppose à l'interprétation qu'elle donne. D'ailleurs, n'est-ce pas la caractéristique de tout roman? Comme l'écrit Agamben: «Le feu et le récit, le mystère et l'histoire

---

[24] Ibid., p. 245.
[25] Ibid., p. 72.
[26] «La ficción, come suele ocurrir, ilumina la realidad, indica al autor qué camino seguir para rastrearla», ibid., p. 245.

sont les deux éléments indispensables de la littérature»[27].

Selon Agamben, le roman dérive du mystère; le théoricien, pour étayer ses propos, se réfère aux études sur *Les métamorphoses* d'Apulée, qui ont mis en évidence la relation entre ce roman d'initiation et les mystères antiques. Il observe qu'à l'origine, une vie individuelle s'articule avec un élément surhumain ou divin, et qu'ainsi les aventures d'une existence humaine revêtent une signification qui les dépasse. Si de nos jours la notion de mystère s'éloigne de son caractère religieux ou mythique, la nature du roman se fonde «sur la perte et la commémoration du mystère»[28]. Il constate aussi que l'élément dans lequel l'histoire se fait est se défait est le mystère, et s'interroge sur le paradoxe du roman. D'un côté, on n'accède au mystère qu'à travers une histoire, de l'autre, l'histoire fait disparaître le mystère. Agamben invite donc le lecteur à «discerner au fond de l'oubli les éclats de lumière noire qui proviennent du mystère perdu»[29].

Il reste des traces de cette conception dans le roman de Carmen Boullosa. Chez elle, l'histoire n'anéantit pas le mystère, mais l'explique, au sens latin du terme.

---

[27] AGAMBEN, *Le feu et le récit*, Bibliothèque Rivages, Paris, Editions Payot Rivages, 2015, p. 14.
[28] Ibid.
[29] Ibid.

3.3 Récit, mémoire et imagination

Dans son ouvrage *La mémoire, l'histoire, l'oubli*[30], Paul Ricœur, qui interroge la phénoménologie de la mémoire, interroge le rapport entre mémoire, image et imagination. Il a repris la conception philosophique, de Platon à Spinoza, qui associe mémoire et imagination pour porter sur elle un regard critique. En tant que représentation présente d'une chose absente, la mémoire serait pour Platon aussi frappée de suspicion que l'image. Elle incarnerait, comme elle, la fausseté. Cette conception a longtemps prévalu.

Le travail mené par Ricœur se définit comme étant à contre-courant de ce travail de sape et de dépréciation de la mémoire. Il s'efforce de découpler mémoire et imagination, trop longtemps associées, de mettre en cause la théorie de Platon de l'*eikon* pour lui opposer la conception aristotélicienne de la mémoire, qui ouvre la possibilité d'une multiplicité de traditions interprétatives. Ricœur se fonde aussi sur les travaux d'Husserl, la théorie de la mémoire bergsonnienne et «la révision de la thématique de l'imaginaire et de l'imagination»[31] opérée par Jean-Paul Sartre.

Ricœur repose la question du lien entre souvenir et imagination en envisageant de nouvelles perspectives. Ainsi, le souvenir ne doit plus être posé comme «donné-absent, mais comme donné-

---

[30] Ricœur, *La mémoire, l'histoire, l'oubli*, Paris, Le Seuil, 2000.
[31] Ibid., p. 7.

présent au passé»[32]. Pour sa part, Sartre renverse «la fonction irréalisante de l'imagination en fonction hallucinante». L'acte d'imagination s'apparente pour lui à une opération magique, qui fait apparaître l'objet de notre désir, nous permettant ainsi de le posséder. Cette perspective permet à Paul Ricœur de repenser «le parallélisme entre la phénoménologie de la mémoire et celle de l'imagination»[33]. Il ajoute:

> La phénoménologie de la mémoire ne peut ignorer ce qu'on vient d'appeler le piège de l'imaginaire, dans la mesure où cette mise en images, côtoyant la fonction hallucinatoire de l'imagination, constitue une sorte de faiblesse, de discrédit, de perte de fiabilité pour la mémoire. On ne manquera pas d'y revenir lorsque l'on considérera une certaine manière d'écrire l'histoire, à la Michelet dirons-nous, où la "résurrection du passé" tend à revêtir, elle aussi, des formes quasi hallucinatoires. L'écriture de l'histoire partage de cette façon les aventures de la mise en images du souvenir sous l'égide de la fonction ostensive de l'imagination[34].

Ricœur oppose récit de fiction et récit historique, puis centre sa problématique sur la question de l'image au sein de ces deux types de récits. Il montre que cette paire s'avère antinomique du point de vue du pacte passé avec le lecteur, celui du roman, qui s'attend à pénétrer dans un monde

---

[32] Ibid., p. 53.
[33] Ibid.
[34] Ibid., p. 66.

irréel, acceptant de suspendre son incrédulité, et faisant comme si, tandis que le lecteur du livre d'histoire, qui s'attend à aborder, avec le livre, l'univers réel, fait montre d'un regard critique et exigeant, pour traquer le mensonge.

Enfin, il définit la fictionnalisation du discours historique comme «un entrecroisement de la lisibilité et de la visibilité au sein de la représentation historienne»[35], pour mettre en évidence les stratégies du récit historique, narration, tableaux, portraits:

> Les personnages du récit sont mis en intrigue en même temps que sont racontés les événements qui, pris ensemble, constituent l'histoire racontée. Avec le portrait, distingué du fil de la trame du récit, le couple du lisible et du visible se distingue franchement[36].

Les échanges produits par ce couple produisent des effets de sens proches de ceux qui s'opèrent entre récit de fiction et récit d'histoire.

En se référant ensuite à Aristote et à sa *Rhétorique*, qui vise en particulier à "mettre sous les yeux", Ricœur montre que le projet théorique du récit d'histoire vise à persuader et s'appuie sur les figures du langage. Il s'appuie ensuite sur les travaux de Louis Marin pour étayer sa thèse.

Le roman de Carmen Boullosa use fréquemment des figures du discours passant de l'énigme à la métaphore et met l'accent sur les potentialités

---

[35] Ibid., p. 341.
[36] Ibid., p. 342.

fictionnelles de l'histoire par le biais de la rhétorique. La métaphore joue sur le déplacement et le rapprochement de deux réalités. Pour un certain nombre de théoriciens, elle est investie d'une capacité poétique et fictionnelle, en permettant de transformer et de représenter le réel. Elle ressortit à une forme de fiction et de figuration, renvoie à une vision du monde, et peut constituer aussi bien une expérience anthropologique qu'un enjeu littéraire.

Le livre renvoie à la théâtralité de la société et au spectacle de l'histoire. Les multiples interventions narratives brisent l'illusion fictionnelle. Les métaphores du théâtre, de la navigation, délivrent la vision d'une cour livrée au chaos et à la fausseté.

On n'épuise pas la richesse d'un roman baroque comme *La virgen y el violín* en quelques lignes, même en optant pour une lecture ciblée. Le texte de Carmen Boullosa, au confluent de diverses problématiques, articule intelligemment les questions de genre romanesque et de genre sexué. Il s'inscrit dans une vision contemporaine de l'histoire et de la mémoire, dans un courant de réhabilitation de celle-ci, qui s'attache à n'être plus européanocentrée pour explorer d'autres voies. La fantaisie baroque de l'écrivaine s'exprime de manière transhistorique, joue avec les genres, tout en posant de façon très claire la question des sexes, et en redonnant à la femme une place essentielle dans la mémoire historique comme dans la fiction.

A WOMAN'S SEARCH FOR IDENTITY THROUGH MEMORY DISCOVERING A POPULATION'S ANCIENT BURDEN: *THE BASTARD OF ISTANBUL* BY ELIF SHAFAK

Elisabetta Zazzeroni

Focusing on memory and identity together with the power of women, the massacre of Armenians, the Kazanci sisters and Armanoush, Elif Shafak gives her female protagonists a voice in a Turkish society ruled by men. Memories of the Armenian massacre and its atrocities set the basis for a personal and introspective search where the protagonist, Asya, finds herself stuck in a limbo and experiences some difficulties in finding her own identity. Cultural clashes between Armenians and Turks punctuate the entire novel and they help the female characters to face, and overcome, all the obstacles they encounter in their lives, as they become aware that atavistic hate need not be a lifelong stigma. Thanks to the search for their identity and memory's firm thematic place in the novel, the women are able to examine their past, exposing the reader to a parallelism between Asya and the Armenian genocide. Asya, the eponymous "bastard", knows nothing about her past, which has always been kept secret to her, like the genocide of Armenians to Turks. Because it is a tragedy not officially recognized by the Turkish government even today, the genocide is polemical; indeed, the mere mention of it caused the author of the book to face a trial because of how her characters address it and because she insulted

> "Turkishness", under Article 301 in the Turkish criminal code, although nobody quite knows what either "Turkishness" or "insulting" means in this context[1].

Gioseffi asserts that

> the organized extermination of an entire people is often used by repressive regimes as a tool of political intimidation and conflict resolution. The genocide of the Armenian people was the final act in the long history of repression of Armenians by the Ottoman Turkish government[2].

The Genocide is the first and best documented genocide of the twentieth century.

The atrocities committed against the Armenian people of the Ottoman Empire during WWI are called the Armenian Genocide, which was planned and administered by the Turkish government and carried out between the years 1915 and 1918. The Armenian people were subjected to de-

---

[1] theguardian.com/books/2018/jan/13/elif-shafak-nations-dont-always-learn-from-history (Accessed: August 9th, 2019)

[2] GIOSEFFI, *On Prejudice, A Global Perspective*, New York, Anchor Books, 1993, p. 87.

portation, expropriation, abduction, torture, abuse, massacre and starvation. They were removed from Armenia and Anatolia and brought to Syria where the vast majority was sent into the desert to die of thirst and hunger. It is estimated that 1.5 million Armenians died. Between 1920 and 1923 the Nationalist Turks expelled and massacred ten thousand more victims and the destruction of the Armenian communities in East and West Armenia was total[3].

Although the Turkish government imposed restrictions on reporting, there were lots of diplomatic representatives and American missionaries who witnessed the deportations together with many German officers deployed in Armenia because Germany was allied with Turkey during WWI. Jesse B. Jackson, who was the American consul in Aleppo at the time of the Genocide, reported that, «One of the most terrible sights ever seen in Aleppo was the arrival in early August 1915 of some terribly emaciated, dirty, ragged and sick women and children. [...] These people were the only survivors of the thrifty and well-to-do Armenian population of Sivas, carefully estimated to have been originally over 300,000 souls!»[4]

> The Genocide, which ended three thousand years of Armenian life in Armenia, generated new claims, sanctioned in international law by

---

[3] www.armenian-genocide.org, FAQ, (Accessed: August 9th 2019).
[4] GIOSEFFI, p. 93.

> the UN Convention on the Prevention and Punishment of Genocide. These include the recognition of the Genocide and the application of elementary justice. [...] Unless principles of justice are called upon to prevail in relations between nations, mass extermination as a tool of political dominance may become more common in the future than it has been up to now. If Armenians and other victims of genocide do not do everything in their power to pursue their battle against genocide, they will have failed in their responsibility toward future generations. Then not only genocide, but the total destruction of humanity, will be looked upon with indifference»[5].

Unfortunately, as Elif Shafak once commented on Turkey, «This is still a country of mesmerizing contrasts, brave and beautiful souls. But now, more than a decade after *The Bastard of Istanbul* was first published, it is heartbreaking to see that nations do not necessarily learn from their mistakes. History does not necessarily move forward. Sometimes it goes backwards»[6]. On the night of April 24th, 1915, the Turkish government put under arrest over 200 Armenian community leaders in Istanbul. They were all sent to prison and executed, which is why the Armenian genocide is commemorated on that date.

---

[5] Ibid., p. 97.
[6] www.theguardian.com/books/2018/jan/13/elif-shafak-nations-dont-always-learn-from-history (Accessed: August 9th, 2019).

Asya Kazanci, a young woman living in Istanbul in a house of eccentric and loving women, her aunties, is considered a bastard because she was born out of wedlock. She is rebellious, as seen in her obsession with the music of Johnny Cash, her smoking of cigarettes behind her family's back, and her ditching the ballet lessons they pay for, so that she can sit and drink in a café with a bunch of bohemians. Asya's rebellion is inherited from her mother, the stunning "auntie" Zeliha, who had Asya when she was just 19 and now runs a tattoo parlor in secular Istanbul. Shafak suggests that Asya's defiance is inherent to being an Istanbulite, and, in that sense, the city itself is a major character in the novel. Zeliha has never revealed the name of Asya's father, and much of Asya's identity as a woman, as a Turk and as a "bastard" daughter of Istanbul, will be challenged with the arrival in her hometown of a bold Armenian American girl, Armanoush Tchakhmakhchian (nicknamed "Amy"), who is a college student from Arizona. Raised between her Armenian family in San Francisco and her American mother and Turkish stepfather in Tucson, she, like Asya, struggles with identity. She feels deeply connected to her Armenian ancestry and is often ashamed of the fact that her mother married a Turk, Mustafa, who becomes her stepfather after she and Armanoush's father divorced. Amy decides that a trip to Istanbul, to explore her family's past and to reconcile her feelings for Turkey, will allow her to move on with her life and sort through some of her confusion. She decides to stay with Mustafa's family in Istanbul. When Asya, Mustafa's niece, and Armanoush meet, they each begin to confront their personal, national and ethnic identities, and uncover several family secrets.

The Armenian genocide was traumatic but is not discussed as much as the Jewish Holocaust. Since neither Armenians nor Turks accept one another, an identity crisis arises between Armanoush and Asya. The fact that Armanoush's mother is married to a Turk places considerable strain on all families involved. Yet as severe as it may be, this strain comes from more than just cultural differences. The Armenian genocide was not a mere cultural difference but an event on which Turks and Armenians will never agree. As a Turkish girl, who removes herself completely from her culture and shows no signs of having pride in her nationality, Asya wants as little as possible to do with her past and believes that the past is irrelevant to her future. Without knowing what came before her, she becomes an unruly, misunderstood teenager, who hopes to completely detach herself from the past. She has always been reminded by her Grandma Gulsum that she is a "bastard", conceived illegitimately. This idea of not knowing her past haunts Asya daily. But, instead of pursuing the unknown, all she wants is to move forward, limiting her struggles to her own sense of self. On the other hand, Amy craves to know every detail of her past, hoping to uncover the mystery behind her Armenian upbringing. She says «I need to find my own identity»[7] [...] «I need to find my Armenianness first. If this requires a voyage into the past, so be it, I am going to do that, no matter what the Turks will say or do».

When Armanoush originally makes the decision to go to Istanbul, her character develops a certain boldness and the overarching themes of identity are solidified. This serves to highlight the struggle Aysa faces, as well. As the fatherless "bastard", she affirms: «I do recognize your loss and grief. I do not deny the atrocities committed. It's just *my* past that I am recoiling from. I don't know who my father is or what his story was like. If I had a chance to know more about my past, even if it were sad, would I choose to know it or not? The dilemma of my life»[8]. Living in a house where she is told what to do all the time also contributes to an increased feeling of anger because she is not allowed to have her own identity. Asya says «My family is a bunch of clean freaks. Brushing away the dirt and dust of the memories! They always talk about the past, but it is a cleansed version of the past. That is the Kazancis' [Asya's family name] technique of coping with problems...»[9]. Shafak creates a contrast between these two characters to

---

[7] SHAFAK, *The Bastard of Istanbul*, Penguin, 2008, p. 117.
[8] Ibid., p. 261.
[9] Ibid., p. 147.

parallel the cultural struggles of the Armenians and Turks.

This conflict is identified early in the novel and is brought back on several different occasions to remind the audience why Turks and Armenians are prohibited from mingling. «Genocide is a heavily loaded term. It implies a systematic, well-organized, and philosophized extermination»[10]. The question here, in the book, relates to the issue of whether it is better for human beings to discover more about their past or to know as little as possible and even forget the small amount that was remembered. Shafak presents us these two female characters both struggling to find their own identities in a setting where the conflicts between Armenians and Turks are outlined and where it seems that these two cultures permanently irreconcilable in their differences. In the book, the friendship that could develop between Asya and Amy is described as being, «like a bridge extending over cultures, you will connect the East and the West»[11] [...] «which is indeed almost impossible because the Turks consider themselves as always being misinterpreted and misunderstood»[12]. They ask the Westerners to acknowledge that they are not like the Arabs at all, but that they are a modern secular state. They accuse the Armenians and the Greeks of having brainwashed Americans about

---

[10] Ibid., p. 261.
[11] Ibid., p. 134.
[12] Ibid., p. 135.

Turkey. The Turks who have a voice in the novel have no problems in stating that «The claims of the Armenians are based on exaggeration and distortion»[13].

«Writers, poets, artists, intellectuals were the first ones within the Armenian *millet* [the Ottoman indentent courst of law] to be eliminated by the late Ottoman government. They had gotten rid of the "brains" and then proceeded to extradite the rest»[14]. People say Armenians, the majority of whom were deported in 1915, were employed in hard labor, where they were forced to dig deep, wide pits, in which they were subsequently buried. Many children became orphans and groups of American missionaries dedicated themselves to aiding them. Even Shushan, Armanoush's grandmother, was in an orphanage in Aleppo for a period of time, and, like all the children there, she was dressed in a white robe and buttonless black coat. All the children were renamed and she became Shermin. Her last name became 626. Another practice reserved to all Armenian boys in these orphanages was to be circumcised, an experience which always made them feel violated in their privacy and which did not belong to their cultural heritage and which was not a common practice for Armenians. After being deported, Shushan lived in different places, first in the orphanage in Aleppo, then in Istanbul for a while before ending

---

[13] Ibid., p. 210.
[14] Ibid., p. 96.

up in San Francisco where she spent the rest of her life. Armenians never wanted their heritage to disappear. That is why Hovhannes Stamboulian, the father of Shushan, wanted Armenian parents to transmit Armenian folktales from generation to generation. Therefore, he wrote poems and a children's book in Armenian. Turk guards accused him of belonging to a group of Armenian insurgents reading poems whose content whose content was considered infamous because either against the Sultanate (Turkey) or glorifying Armenia, and rebelling against the Ottoman Sultanate, and he was taken from his house and consequently killed simply because he was an intellectual. This sense of identity, and loss of it at the same time because it was denied to them, lead Armenians to shout out a sort of manifesto to get acknowledgement and recognition or at least to reassure future generations that their past will not be erased:

> All we Armenians ask for is the recognition of our loss and pain, which is the most fundamental requirement for genuine human relationships to flourish. This is what we say to the Turks: Look, we are mourning, we have been mourning for almost a century now, because we lost our loved ones, we were driven out of our homes, banished from our land; we were treated like animals and butchered like sheep. We were denied even a decent death. Even the pain inflicted on our grandparents is not as agonizing as the systematic denial that followed.
>
> If you say this, what will be the Turks' response? Nothing! There is only one single way of becom-

> ing friends with the Turks: to be just as uninformed and forgetful.
>
> Since they won't join us on our recognition of the past, we are expected to join them in their ignorance of the past[15].

Shafak herself wants her readers to understand how Amy is in constant search for her past, a past which must not be forgotten, a past which must be preserved and transmitted to future generations: «My name is Armanoush Tchakhmakhchian, [...] I am the grandchild of genocide survivors who lost all their relatives at the hands of Turkish butchers in 1915, but I myself have been brainwashed to deny the genocide because I was raised by some Turk named Mustafa»[16]. She keeps introducing herself as an Armenian American, the daughter of an Armenian and of an American woman from Arizona who ends up marrying a Turk, Mustafa, from Istanbul, who is Asya's biological father and uncle at the same time, because he had raped his sister Zeliha (Asya's mom) when she was 18 years old. Amy's father's side of the family has always opposed her mother's new husband, but she does not really focus on the fact that this man is Turkish For this reason, she travels to Istanbul to discover more about her grandmother, Shushan. Armanoush is also a member of an on-line chat group called Café Constantinopolis, a sort of

---

[15] Ibid., p. 184.
[16] Ibid., pp. 53-54.

cybercafé, with other Greek Americans, Sephardic Americans and Armenian Americans who all had one thing in common: they were the grandchildren of families once based in Istanbul. Her screen name, Madame-My-Exiled-Soul, reinforces the idea of having lost something regarding her identity and wanting to retrieve it again. In this chat room, they always discuss issues related to being Armenians and questioning the "historical truths" offered by the Turkish government. Asya, on the other hand, spends most of the time at Café Kundera with a bunch of bohemians who desire being officially recognized as an ethnic minority. The mystery of these places, where these girls retreat, leads us to a parallel in the mystery of their pasts. Istanbul remains a mystery to Armanoush, because she is so unfamiliar with the culture, the people, and even the language, but Istanbul is equally a mystery to Asya, as well, as she attempts to break free from her family and to find her own way in life and in society.

The plot of the story addresses a particularly violent and horrific event from the past of Shafak's country, Turkey: the devastation caused by the Armenian genocide. The story presents several female characters as though Shafak wanted to emphasize how women are trying to make themselves heard in a male-dominated society. Their rebelliousness is epitomized in Asya, who disobeys all the family rules and regulations—from what to wear to what to eat and how to behave and talk.

She is silenced by her family because she has no right to investigate her past; she is mirrored in Armanoush, who, without telling her parents, travels to Istanbul to enquire about her past. The male characters seem to be irrelevant but we cannot forget that Mustapha, Asya's father, named a "precious phallus" by Zeliha (both his sister and Asya's mother), is the one around whom the entire story revolves because he is connected to the two main female protagonists who, in search of their own identity, question their past, their present and their future.

How a Woman's Search

Note biografiche

Wanda BALZANO è la fondatrice del Dipartimento di Women's, Gender, and Sexuality Studies presso la Wake Forest University della Carolina del Nord, dove attualmente insegna. Ha conseguito la laurea in Lingue e Letterature Straniere presso l'Istituto Universitario Orientale di Napoli. Dopo la laurea si è trasferita a Dublino, in Irlanda, per il suo master e dottorato in letteratura e teatro anglo-irlandese, entrambi conferiti dall'University College di Dublino. Le sue pubblicazioni, concentrate su scritture femminili, diritti umani, femminismo e postmodernismo in arte e film, sono apparse in diversi paesi europei e negli Stati Uniti. Il suo studio monografico, *The Veiled Subject: Women and Religion in Irish Literature*, verrà pubblicato dall'Irish Academic Press.

Giuseppe FALVO è professore associato e direttore del programma di italiano e lingue romanze presso l'Università del Maryland (College Park, USA). Dal 1986 insegna lingua e letteratura italiana nel dipartimento di italiano e francese della School of Languages, Literatures, and Cultures (College of Arts and Humanities, University of Maryland). Ha pubblicato vari saggi su Dante, Boccaccio, Machiavelli, Della Casa, e un libro su Baldassarre Castiglione: *The Economy of Human Relations* (Peter Lang, 1992). Ha inoltre contribuito alla *Encyclopedia of the Renaissance* curata da Paul F. Grendler (New York, Charles Scribner's Sons, 1999), in collaborazione con la Renaissance

Society of America, con voci sull'umanesimo italiano: "Agnolo Firenzuola: Florentine Vernacular Writer" (vol. II) e "Matteo Palmieri: Florentine Humanist and Historian" (vol. IV). Le sue ricerche più recenti si concentrano sul *Decameron* di Giovanni Boccaccio e sul rapporto tra retorica, etica e politica nell'umanesimo del Quattrocento per la pubblicazione di un altro volume intitolato *Tradition and Innovation in Courtesy Literature: Education and Politics in Early Modern Italy*.

Sonia FLORIANI, sociologa della cultura, insegna nel Dipartimento di Scienze Politiche e Sociali dell'Università della Calabria. Fra i suoi interessi di studio e ricerca, le migrazioni storiche e contemporanee, i razzismi, le pratiche interculturali. È condirettore della collana editoriale "Ossidiana. Teoria, cultura e vita quotidiana" (Pellegrini ed.). Ha curato i volumi: *Imagining Home. Migrants and the Search for a New Belonging* (2011, con D. Glenn ed E. Bouvet); *Andare oltre. La rappresentazione del reale fra letterature e scienze sociali* (2013, con R. Siebert); *Sociologia e vita quotidiana. Sulla costruzione della contemporaneità* (2018, con P. Rebughini).

Stefano LUCONI insegna Storia degli Stati Uniti d'America all'Università di Padova. I suoi interessi di ricerca vertono sull'immigrazione italiana negli Stati Uniti, con particolare riferimento alla trasformazione dell'identità etnica degli italo-americani. Su questi temi ha pubblicato *From Paesani to White Ethnics. The Italian Experience in Philadel-*

phia (2001), *The Italian-American Vote in Providence, Rhode Island, 1916-1948* (2004) e *La faglia dell'antisemitismo: italiani ed ebrei negli Stati Uniti, 1920-1941* (2007). Ha anche curato, con Simone Battiston, *Autopsia di un diritto politico. Il voto degli italiani all'estero nelle elezioni del 2018* (2018). Il suo volume più recente è *La "nazione indispensabile". Storia degli Stati Uniti dalle origini a Trump* (2020).

Marco MARINO è Direttore Accademico presso il Sant'Anna Institute dal 2008. Ha studiato all'Università Orientale di Napoli (Italia) dove ha conseguito la laurea magistrale in Relazioni Internazionali con una tesi riguardante le violazioni delle sanzioni internazionali contro la Rhodesia del Sud. Ha conseguito un Master in Mediazione Linguistica e Culturale presso l'Università "La Sapienza" di Roma (2004) ed ha svolto studi dottorali in Storia Contemporanea (presso The Open University, UK) focalizzati sul sistema della Triplice Alleanza (Italia-Germania-Austria) all'inizio del XX secolo, sotto la supervisione della prof.ssa Annika Mombauer. È regolarmente chair e panelist nell'ambito delle più importanti conferenze in Europa e negli Stati Uniti nel campo degli studi di Italianistica (AAIS, AATI, NeMLA, CAIS). Tra i suoi ultimi articoli si cita *L'alfabeto della guerra e la grammatica del barocco* in "Cultura e Comunicazione", Guerra Edizioni (2018). Con Giovanni Spani è curatore dei volumi *Donne del Mediterraneo - Saggi Interdisciplinari* (SEF, 2017) e *Donne del Mediterraneo - Dinamiche di potere* (Carabba, 2018) ed è autore con Domenico Palumbo del volume *La Divina Commedia per stranieri* (Edilingua, 2020).

Lucia MASETTI è dottoranda in Studi umanistici presso l'Università Cattolica del Sacro Cuore di Milano, e collabora con il Centro di ricerca "Letteratura e Cultura dell'Italia Unita". La sua tesi magistrale, con relatore Enrico Elli, verte sulla figura di Ponzio Pilato nella letteratura italiana contemporanea. Ne sono stati tratti contributi per il Convegno MOD *Scritture del dispatrio* (Potenza, 14-16 giugno 2018), per la giornata di studi *«Ciò che ho scritto, ho scritto»* promossa dalla Facoltà Teologica di Sicilia (Roma, 1 giugno 2018), per la rivista «Siculorum Gymnasium» dell'Università di Catania (n° 4, 2019), e per la XV Conferenza internazionale API, promossa dall'Università di KwaZulu-Natal e del Sud Africa (da tenersi a Siracusa, 2-5 luglio 2019). L'attuale progetto di ricerca, sotto la supervisione di Giuseppe Langella, si concentra sul tema della speranza nella letteratura italiana del secondo Novecento. Interventi tratti da questa ricerca sono stati recentemente esposti nei seguenti convegni: CIFRE (Università di Olomouc, Rep. Ceca, 11-12 aprile), Intersections (Kent State University, Firenze, 29-30 maggio), CAIS International Conference (Orvieto, 13-16 giugno), Convegno MOD *Letteratura e antropologia* (Campobasso, 13-15 giugno).

Laura NIEDDU vive e lavora a Lione dal 2004 e insegna lingua e cultura italiane presso l'Université Lumière Lyon 2. Dal 2012 è dottoressa in Letteratura italiana contemporanea, con una tesi sul fenomeno della nouvelle vague sarda. Lungo la sua carriera di ricercatrice ha effettuato principalmente studi sulle opere di autori sardi contemporanei, come Marcello Fois, Salvatore Niffoi, Giulio Angioni o Milena Agus, ma si è occupata anche di canzone italiana, di rappresentazione cinematografica della società contemporanea, di studi di genere e di didattica delle lingue.

Marco OLIVIERI ha conseguito il Dottorato di Ricerca in Anglistica ed è assegnista di ricerca in Ecocriticism ed Ecolinguistics presso l'Università «G. d'Annunzio» di Chieti-Pescara. Ha pubblicato diversi lavori monografici e un saggio sulla narrativa di Thomas Hardy e ha dedicato studi su George Gissing e il romanzo postmoderno di Martin Amis. Settori di ricerca privilegiati, anche al di fuori del mondo accademico, sono la letteratura vittoriana e le pratiche rituali dell'antropologia religiosa.

Olga PARTAN è professoressa associata di russo presso il College of the Holy Cross (Worcester, Stati Uniti). Ha ricevuto un dottorato dalla Brown University nel 2004. I suoi interessi di ricerca si concentrano sulla storia delle arti teatrali russe e occidentali e su studi culturali comparativi. Il suo primo libro (in lingua russa) intitolato *Hai ragione, Filumena! Gli attori di Vakhtangov dietro il palco* (Mosca, Prozaik, 2012) è dedicato alla storia della sua famiglia intrecciata con la storia del teatro sovietico. Di ultima pubblicazione *Vagabonding Masks: The Italian Commedia dell'Arte in the Russian Artistic Imagination* (Boston, Academic Studies Press, 2017).

Marion POIRSON-DECHONNE, professoressa di lettere moderne, scrittrice, docente emerita di studi cinematografici all'Università di Montpellier 3, è autrice di una tesi discussa alla Sorbona Parigi 1, dal titolo *Le théâtre dans le cinema*, e di circa settanta articoli, due monografie (*Le cinéma est-il iconoclaste?*, Corlet-Cerf, 2011, e *Entre spiritualité et laïcité, la tentation iconoclaste du cinéma*, L'Harmattan, 2016) e dieci romanzi. Ha curato quattro numeri di *CinémAction* (*Portraits de famille, Le cinéma russe de la perestroïka à nos jours, L'écran poétique, Jeux vidéo et cinéma, une création interactive*) e, con Catherine Soulier, gli atti della conferenza sul cinema e la poesia. È membro del Centro di Ricerca RIRRA 21 e dell'Associazione culturale Trama y fondo.

Olga ZORZI PUGLIESE è professoressa emerita di italiano e studi rinascimentali alla University of Toronto. È stata direttrice del dipartimento di studi italiani (1997-2002), direttrice del Centre for Reformation and Renaissance Studies (2005-2008), e presidentessa della Canadian Society for Italian Studies (2005-2008). Si occupa principalmente di letteratura del Rinascimento. È autrice di *Il discorso del dialogo rinascimentale* (Roma, Bulzoni, 1995) e *Castiglione's "Book of the Courtier": A Clas-*

sic in the Making (Napoli, ESI, 2008). Da diversi anni lavora su argomenti italo-canadesi: ha pubblicato (con Angelo Principe) un libro sulla Famèe Furlane di Toronto, articoli sui friulani antifascisti in Canada, sui dipinti di Albert Chiarandini, su mosaici di artisti italo-canadesi e il diario di Giovanna Chiarandini.

Chiara RUFFINENGO vive a Parigi. Dal 2012 insegna la lingua, la traduzione e la civiltà italiana all'università di Lille. Dal 2000 al 2006 ha insegnato nel dipartimento di italiano dell'Università di Paris 3 - Sorbonne Nouvelle. Nel 2008 ha conseguito il Dottorato in Études Italiennes all'Università di Paris 3, con una tesi intitolata: *Les chemins qui mènent vers la réalité. Pour une lecture anthropologique de l'œuvre de Natalia Ginzburg*. Nel 1994 ha ottenuto la Maîtrise e il DEA (Diplôme d'études approfondies) in Ethnologie et Sociologie Comparatives all'Università di Paris 10. In Italia si è laureata in Lettere all'Università di Torino. Le sue ricerche universitarie vertono principalmente sui rapporti tra la scrittura letteraria del XX e del XXI secolo e l'antropologia.

Giovanni SPANI è professore associato di letteratura italiana medievale presso il College of the Holy Cross (Worcester, Massachusetts, USA). Si occupa di storia della storiografia, storia della medicina medievale e di Digital Humanities.

Elisabetta ZAZZERONI è docente a contratto di Lingua inglese presso la Scuola di Economia, di Giurisprudenza e di Biotecnologie e collaboratore ed esperto linguistico per la Lingua Inglese presso la Scuola di Lingue all'Università di Urbino 'Carlo Bo' dal 2003. Ha pubblicato *Mailing, An Introduction to Business English Writing* (coed. J. Taylor, 2014) e tradotto in italiano per Edizioni Goliardiche (2007) *Life in the Air: Surviving the New Culture of Air Travel* di Mark Gottdiener (Rowman & Littlefield, 2001). Ha lavorato con diverse università americane in Italia e negli Stati Uniti, ed è stata Visiting Professor presso il PA Larnaca College a Cipro nell'aprile 2019. Da aprile 2019 collabora con la Casa di Reclusione di Fossombrone per l'insegnamento della lingua inglese ai detenuti iscritti all'Università di Urbino con il progetto del Polo Universitario. Il suo interesse è volto alle scrittrici femministe ed alla traduzione femminista. Al momento sta lavorando alla traduzione del romanzo di Daniela Gioseffi *The Great American Belly Dance*.

Dato alle stampe nel mese di novembre

Printed in Great Britain
by Amazon